Das Praxisbuch der Katzenerziehung

Katzen verstehen und spielend erziehen, mit vielen Tipps und Tricks für kleine Katzen, Katzen und Wohnungskatzen

von

Johanna Lohmann

Für alle die ihr Katze besser verstehen wollen, und sie dazu bringen, zu tun, was wir auch möchten. Mit diesem Buch kannst du zur Katzenflüsterin bzw. zum Katzenflüsterer werden.

Inhaltsverzeichnis

„Wenn ich mit meiner Katze spiele, bin ich nie ganz sicher, ob nicht ich ihr Zeitvertreib bin."

Michel de Montaigne

Einleitung

Katzen sind sehr eigene Geschöpfe und neben dem Hund sind sie doch des Menschen bester Freund. Die Samtpfoten zu beobachten, ist schon ein wahres Vergnügen. Doch wenn du dich einmal wirklich intensiv mit ihnen auseinandersetzt hast, erkennst du, dass mehr hinter der Fassade der Eigensinnigkeit steckt.

Natürlich kann man eine Katze nicht mit einem Hund vergleichen. Besonders deutlich wird das in der Erziehung. Während ein Hund im optimalen Fall jedes Kommando zu jeder Zeit, aus jeder Situation heraus, ausführt, scheinen Katzen in dieser Hinsicht wirklich nicht erziehbar zu sein. Doch stimmt das wirklich? Kann man eine Katze wirklich nicht erziehen?

Schon lange weiß man, dass die Stubentiger ein großes Lern- und Erinnerungsvermögen haben. Sie sind in der Lage, sich die Laute zu merken, mit denen sie das Herrchen oder das Frauchen dazu bringen, auf ihre Bedürfnisse einzugehen. Zugegebenermaßen, stellt sich hie r die Frage, wer wen erzieht. Trotzdem ist die Katze in der Lage, etwas zu erlernen und das ist folgende Tatsache: Auf einen Laut ihrerseits erfolgt eine Reaktion beim Menschen.

Dass Katzen in der Lage sind zu lernen, ergibt sich aus den Fähigkeiten, die sie mit der Geburt mitbekommen und welche sie erlernen müssen. Das bedeutet also definitiv, dass Katzen imstande sind, etwas zu erlernen. Die Erziehung ist eine Form des Lernens.

Die grundlegende Frage, welche sich hier stellt ist: Wie bringe ich meiner Katze etwas bei? Wie erziehe ich sie?

Genau diese Fragen sollen in diesem Ratgeber geklärt werden. Da aber auch die innere Ruhe von Bedeutung ist – und das nicht nur für die Erziehung einer Katze – soll es in den letzten Kapiteln des Ratgebers noch einen tollen Zusatz geben: das Clickertraining (Kapitel 10 bis 13). Doch ehe das Vorwort weiter ausgedehnt wird, begeben wir uns gemeinsam auf die Reise in die Welt der Katzenerziehung.

1. Notwendigkeit der Katzenerziehung?

Muss eine Katze überhaupt erzogen werden? Diese Frage stellst du dir unweigerlich, sobald du dich mit der Notwendigkeit der Katzenerziehung befasst. Sicherlich sind die Stimmen, welche für die Erziehung einer Katze sprechen, ebenso laut wie die Stimmen, die eine solche Erziehung ablehnen.

Nicht zuletzt kommt es natürlich auch auf die Absichten an. Denn Erziehung ist nicht gleich Erziehung. Verlangt man nun von einer Katze, dass sie einem, ähnlich wie es der Hund macht, morgens die Zeitung zum Frühstückstisch bringt, so sollte man seine Ansätze der Erziehung doch noch einmal gründlich überdenken.

Trotzdem ist die Erziehung einer Katze nicht ganz überflüssig. Denn dort, wo mehrere Lebewesen gemeinsam unter einem Dach leben, müssen Regeln her. Und zwar sollten es Regeln sein, die für alle akzeptabel sind. Als Mensch muss man ebenso wie das Tier Abstriche machen. Doch alleine daraus ergibt sich noch keine Erziehung.

1.1 Ab wann wird eine Erziehung notwendig?

Eine Erziehung ist immer dann notwendig, wenn das gemeinsame Leben gefährdet oder eingeschränkt ist. Bei den meisten Unwissenden spukt immer noch der Gedanke im Kopf herum, dass sich eine Katze nicht erziehen lässt. Stattdessen lassen sie ihre Samtpfote mit allem durchkommen und wundern sich anschließend, dass sie den Menschen beißen, kratzen und die Beziehung einfach nicht gut läuft.

Natürlich muss man auch hier abwägen. Passiert das Kratzen oder Beißen aus dem Spiel heraus oder war es wirklich ein Angriff auf das Herrchen oder Frauchen? Hier muss man deutlich unterscheiden und die Erziehung fängt ebenfalls bereits an diesem Punkt an. Denn auch wenn die Fellnase nur spielen möchte, so ist man als Mensch keine Katze und steckt das Kratzen und Beißen eben nicht so gut weg wie andere Fellnasen. Die Katze muss dementsprechend lernen, dass das Spielen in Ordnung ist, aber dass besonders die Heftigkeit ihrerseits reduziert werden muss.

Wie man also sehr gut erkennt: Eine Katze braucht ebenfalls Erziehung. Allerdings ist die Katzenerziehung im direkten Vergleich anders, als die Hundeerziehung! Aus dieser Tatsache heraus ergibt sich zu der Frage folgende Antwort: Es ist nicht relevant, ab wann eine Erziehung notwendig, sondern es ist allein wichtig, dass eine Katzenerziehung notwendig ist.

1.2 Verhältnismäßigkeiten

Da nun abschließend geklärt ist, dass die Katze eine gewisse Form der Erziehung genießen sollte, stellt sich wieder unweigerlich eine Frage: Wie erziehst du deine Katze? Natürlich kann man nun blauäugig an das Thema Katzenerziehung herangehen oder man macht es mit Sinn und Verstand. Eine Verhältnismäßigkeit zum Tier sollte in jedem Fall gegeben sein. Denn eine Katze ist weder ein Hund, noch ein menschliches Kind. Trotz gewisser Parallelen sollte sich die Erziehung an den natürlichen Bedürfnissen einer Katze orientieren.

1.3 Sinn und Unsinn

Über den Sinn und Unsinn einer Erziehung zu debattieren, ist absolut angebracht. Denn nicht jede Erziehung ergibt Sinn. Umgekehrt ist aber manch eine Erziehung auch unsinnig. Gar nicht so einfach, hier einen gesunden Mittelweg zu finden, mit dem beide Seiten leben können.

Grundsätzlich ergibt es Sinn, eine Katze zu erziehen und ihr auch die Regeln des Zusammenlebens mit einem Menschen beizubringen. Was aber eindeutig keinen Sinn ergibt, ist manch eine Erwartungshaltung des Dosenöffners. Alles hat seine Grenzen. Wenn du also lieber einen Zeitungsbringer haben möchtest, solltest du die Haltung einer Katze für diesen Zweck unbedingt überdenken. Ansonsten bleib bei der natürlichen Katzenerziehung und schau, was es bedeutet, dem Stubentiger eine artgerechte Haltung und Erziehung zuteilwerden zu lassen.

2. Das Leben einer Katze

Moment einmal, hier soll es doch um Katzenerziehung gehen und nicht darum, wie das Leben einer Katze auszusehen hat. Auf einer gewissen Art und Weise hast du auch recht damit. Aber, denn jetzt kommt das große „Aber", um zu verstehen, wie man eine Katze artgerecht und natürlich erzieht, musst du dich zwangsläufig mit dem Leben und den Eigenarten auseinandersetzen. Denn eine Katze liegt nicht den ganzen Tag vor dem Kamin und trinkt sicherlich auch nicht nur Milch. Dir sicherlich bekannt, dass es mehr als nur schädlich für eine ausgewachsene Katze ist, ihnen Milch – womöglich sogar Kuhmilch – zu geben. Aber genau hier fängt es schon an. Viele Menschen haben zwar gute Absichten, setzen diese aber absolut falsch um. Hier ist also Selbstreflexion gefragt. Ebenso wichtig ist es, dass man auch die Bereitschaft hat, etwas dazuzulernen.

2.1 Sprich mit mir

„Könnte die Katze doch nur verstehen, was du sagst" Dies denkst du dir bestimmt häufig, oder? Deine Samtpfote denkt sich nicht selten: Warum versteht mich mein Herrchen oder Frauchen nicht? Noch offensichtlicher kann ich auch nicht werden.

Kommunikationsprobleme? Dann ergeht es dir genauso, wie ganz vielen anderen Katzenbesitzern auch. Extreme Botschaften wie einen Katzenbuckel, Fauchen und dergleichen erkennst du natürlich umgehend und siehst dies auch nicht als Einladung zum Spielen an. Doch gibt es noch viel mehr Kommunikation zwischen dir und deiner Samtpfote.

Die Katzensprache unterscheidet sich deutlich von der Sprache des Menschen. Das steht eindeutig fest. Doch die Kommunikation beginnt eben schon mit kleinen Details. Die Schwanzhaltung und -stellung sagt bereits vieles aus. Dasselbe zählt für die Öhrchen und Augen. Hauptsächlich benutzen Katzen die Körpersprache, um zu kommunizieren. Sie können sich aber auch über Laute verständigen.

2.2 Laute der Katze

Um dir den Einstieg in die Katzensprache zu erleichtern, beginnen wir mit den Lauten, welche eine Katze von sich gibt. Weißt du, was all die verschiedenen Laute deiner Samtpfote bedeuten? Nein? Dann gehen wir diese nun zunächst Schritt für Schritt durch.

2.2.1 Miau

Jeder Katzenbesitzer kennt es: das Miau. Aber nicht nur Katzenbesitzer kennen diesen Laut. Auch Menschen, die keine Katze bei sich aufgenommen haben, erkennen diesen klassischen Tonfall einer Katze sofort. Allerdings kommt hier schon das erste kleine Hindernis. Eine Katze miaut, verändert dabei den Tonfall und drückt somit immer etwas anderes aus. Diese Art der Kommunikation ist nur dem Menschen vorbestimmt. Eigentlich miauen Katzen nur im Babyalter, wenn sie nach der Mutter rufen. Die Kommunikation unter Katzen sieht ein Miauen nicht vor. Miau kann also bedeuten: „Lass mich bitte, bitte raus!", „Ich habe so einen großen Hunger!", „Ich würde gerne etwas trinken!", oder aber „Komm, wir spielen".
Wie sich deine Katze mit dem Miau ausdrücken möchte, hängt

also davon ab, welche Bedürfnisse sie gerne gestillt haben möchte. Da ein Miau der Fellnase nicht dasselbe ausdrückt, wie ein anderes Miau, bleibt dir nichts anderes übrig, als genau darauf zu achten, welches Miau dein Stubentiger benutzt, um sich in seinen Wünschen zu äußern.

2.2.2 Schnurren

Das Schnurren gehört zu einer Katze, wie das Amen in die Kirche gehört. Dazu lässt sich diese „verbale“ Kommunikation auch recht simpel deuten. Es bedeutet nämlich nichts anderes, als dass sich deine Katze rundum wohlfühlt. Zusätzlich heilt das Schnurren aber noch kleinere Verletzungen und Krankheiten. Fellnasen, die beispielsweise krank sind oder anderweitige Beschwerden haben, schnurren ebenfalls, um sich zu beruhigen. Eine echte Meisterleistung.

2.2.3 Fauchen

Dieses Geräusch setzen Katzen hauptsächlich bei Bedrohung und/oder Angst ein. Mit diesem Laut wollen sie sich stark machen und dem Angreifer oder das, wovor sie Angst haben, in die Flucht schlagen. Zusätzlich machen sie einen Buckel, zeigen ihre Zähne und stellen ihr Fell auf. Meistens wird auch der Schwanz aufgebauscht.

2.2.4 Weinen und Jaulen

Dieses Geräusch geht durch Mark und Bein. Oftmals reagieren Katzen mit diesen Lauten auf Unbehagen. Sie möchten auf ihre Situation hinweisen und dir mitteilen: „Hey! Mir gefällt das gerade gar nicht, was hier passiert!". Vielleicht konntest du diesen Laut schon einmal von deiner Samtpfote hören, als du sie in eine Transportbox sperren musstest, weil ein Tierarzttermin anstand.

2.2.5 Körpersprache

Wie es bei vielen anderen Tieren auch der Fall ist, drücken auch Katzen sich hauptsächlich über die Körpersprache aus. Das beginnt schon bei der Haltung des Schwanzes. Ist der Schwanz nämlich senkrecht nach vorne gebeugt, ist deine Katze glücklich. Beim genauen Gegenteil dieser Position möchte deine Fellnase mitteilen, dass sie Angst hat oder unglücklich ist. Hierbei ist der Schwanz zwischen die Beine geklemmt oder eng an den Körper geschlungen. Ist der Schwanz allerdings leicht über den Rücken gebeugt und zeigt zusätzlich nach vorne, hat deine Samtpfote mächtig Lust zu Spielen und ist in guter Laune. Dann solltest du dem auch nachgehen und einen Augenblick mit deiner Katze spielen.

Ist deine Fellnase genervt, erkennst du es deutlich am Wedeln des Schwanzes. Manche Katzen wedeln aber auch mit dem Schwanz, wenn sie sich im Spielmodus befinden. Nicht nur die Haltung des Schwanzes sagt etwas über den Zustand deiner Katze aus. Auch die Augen können dir einige Informationen vermitteln.

Starrt deine Samtpfote, so ist das nicht selten ein dominierendes Verhalten. Je nach Art des Starrens kann es aber auch ein Beobachten sein. Das Problem, was es bei diesem Verhalten gibt, taucht häufig auf. Der Mensch nimmt diese Art der nonverbalen Kommunikation falsch auf. Du guckst deine Katze an, weil du sie hübsch findest und ihr Aufmerksamkeit schenken willst. Deine Katze denkt aber dann nicht selten, dass du sie dominieren willst. Vielleicht ist dir auch aufgefallen, dass deine Katze dann den Kopf wegdreht. So lösen Katzen Spannungen und versuchen Streitigkeiten aus dem Weg zu gehen. Das wird oft von den Menschen falsch gedeutet und führt zu massiven Missverständnissen zwischen der Samtpfote und dem Besitzer. Der ideale Tipp, blinzle ab und zu mit den Augen, wenn du deine Fellnase anschaust. Damit bekommt sie nicht das Gefühl, dass du sie dominieren möchtest. Dir ist aber sicherlich auch schon aufgefallen, dass deine Katze dich mit halb geschlossenen Augen anschaut. In diesem Fall bedeutet dies, dass sie entspannt ist.

Zum Schluss möchte ich dir noch die verschiedenen Ohrstellungen nahelegen. Denn auch über die Haltung der Ohren kommunizieren Katzen auf die nonverbale Art. Sie teilen auf diese Weise ihre Stimmung mit. Sind die Öhrchen beispielsweise nach vorne gerichtet, so ist deine Katze entspannt. Weisen die Ohren aber ein Bewegungsspiel an, so ist die Katze nervös und unruhig. Dahingegen heißen angelegte Ohren immer Angst und Unsicherheit. Für den Fall eines Angriffs oder einer möglichen Flucht kann sich die Katze damit nämlich besser schützen.

Dir ist nun bestimmt aufgefallen, dass man genau beobachten muss, um seine Katze verstehen zu können. Und sicherlich lässt sich die Sprache der Katzen noch deutlich vertiefen. Hierbei handelt es sich lediglich um die Basics. Diese müssen in jedem Fall verstanden werden, damit du deine Katze erziehen kannst.

Denn immerhin geht es in diesem Ratgeber um die Erziehung einer Katze.

2.2.6 Kommunikation zwischen Katze und Mensch – die häufigsten Missverständnisse

Fast am Ende dieses Kapitels angekommen, wollen wir uns nochmal kurz den größten Missverständnissen der Kommunikation zwischen Katze und Mensch widmen. Es ist wichtig, diese Missverständnisse zu kennen, damit sie in der zukünftigen Katzenerziehung nicht mehr falsch verstanden werden. Dies könnte nämlich den Erfolg der Katzenerziehung etwas eindämmen.

Fast jeder Katzenbesitzer kennt es: Die Fellnase dreht sich genüsslich auf den Rücken und präsentiert ihren weichen Bauch. Natürlich kann man hier nicht widerstehen und beginnt, den weichen Bauch zu streicheln. In der Regel ist dies den Katzen aber unangenehm. Das „sich auf dem Rücken präsentieren“ zeigt eigentlich, dass die Fellnase einem vertraut. Zur gleichen Zeit ist es aber auch die perfekte Position für einen Angriff. Da die Katzen das Bauchgraulen als gar nicht angenehm finden, sollte man darauf in Zukunft verzichten. Viel besser ist Folgendes: Graule deine Fellnase lieber im Bereich des Kopfes.

Auf das Thema „Schnurren“ wurde in diesem Kapitel schon eingegangen. Du konntest erfahren, dass sich die Katzen mit dem Schnurren oftmals auch selbst beruhigen. Ich möchte an dieser Stelle aber nochmals kurz auf dieses Thema eingehen. Katzen schnurren, wenn sie sich wohlfühlen und Katzen schnurren, wenn sie sich selbst beruhigen wollen. Jedoch schnurren die Fellnasen auch, wenn sie sich nicht wohlfühlen. Schnurrt deine Katze also öfter als sonst und verhält sich komisch, solltest du das genauer beobachten und gegebenenfalls einen Tierarzt aufsuchen. Bei zusätzlichen Symptomen wie Schläfrigkeit, Appetitlosigkeit und stumpfes Fell also schnell zum Tierarzt.

Die nonverbale Kommunikation ist bei der Katze sehr wichtig. Diese verwendet sie auch viel häufiger als die verbale Kommunikation. Achte aus diesem Grund immer darauf, ob die Katze die nonverbale (und natürlich auch verbale) Kommunikation einschränkt. Zieht sich die Fellnase zurück und schläft den ganzen Tag über – was du bis dato noch nicht kanntest – ist es wichtig, dieses Verhalten bei einem Tierarzt abzuklären.

Ein weiteres großes Missverständnis tritt bei der Signalgebung auf: Du solltest Signale mit Wortlauten verbinden und diese dann auch konsequent durchsetzen. Es gibt fast nichts, was eine Fellnase mehr verwirrt, wenn sie zum Beispiel Verbote mit mehreren Wortlauten identifizieren muss. Möchte die Katze beispielsweise auf den Tisch springen, solltest du dir ein einziges Signal aussuchen, welches du dann auch konsequent verwendest. Ein klares „Nein“ eignet sich hierfür am besten.

Für so manchen Katzenbesitzer gibt es nicht besseres, als die Fellnase mal auf den Arm zu nehmen. Das Erschrecken findet hierbei häufig Anwendung. Jedoch stehen die Katzen ganz und gar nicht auf solche Aktionen. Erschrecke deine Mieze also niemals, denn das könnte eure Beziehung langfristig einschränken und belasten.

Nachdem also die Körpersprache und die Laute sowie die Notwendigkeit der Erziehung deines Stubentigers geklärt wurden, wollen wir allmählich zur Tat überschreiten und uns die Erziehung im Detail angucken. Was sich hier allerdings sehr einfach anhört – zugegeben, das haben die meisten Theorien gemeinsam – ist aber oftmals mit mehr Aufwand verbunden, als einem bewusst ist. Oftmals stehen Hilflosigkeit und falsche Kommunikation an erster Stelle des Rankings „Es funktioniert nicht“. Wie so oft ist das Problem weniger das Tier, als vielmehr der Mensch. Die Katze hat immerhin nicht darum gebeten, von einem Menschen erzogen zu werden. Da der Mensch hier etwas von der Katze will, sollte auch hier die Verhältnismäßigkeit klar abgegrenzt werden.

3. Die Katzenerziehung

Nach wie vor spaltet ein Thema die Katzenhaltergemeinde so sehr, wie die Frage nach der Erziehung. Zwar weißt du nun, dass eine Erziehung notwendig ist, aber oftmals gestaltet sich diese als nicht unbedingt einfach. Denn die Unterschiede zum Hund sind eindeutig: Der Hund möchte gefallen, die Katze verspürt diesen Drang nicht. Und das meint sie nicht einmal böse oder weil sie dich ablehnt. Das gehört einfach zu den typischen Charaktermerkmalen einer Katze.

Du gehörst zu den Besitzern, die sich für Katzenerziehung interessieren. Das ist dein gutes Recht und es bietet dir auch viele Vorteile. Doch solltest du immer mit Bedacht vorgehen. Denn die Erziehung deiner Samtpfote hat Grenzen. Wenngleich Katzen sehr kluge Lebewesen sind und eine gute Auffassungsgabe haben, so fällt ihnen die Umsetzung doch etwas schwer. Das Zauberwort heißt hier Lob. Um gleich zu Beginn darauf zu sprechen zu kommen: Du und ich, wir werden jetzt einen kleinen Ausflug in die Verhaltenspsychologie machen! Ich möchte dir nämlich zwei Lernmethoden vorstellen, auf welche du dich bei der Katzenerziehung berufen kannst. Zum einen ist es das klassische Konditionieren, zum anderen ist es das Lernen durch Verstärkung. Beide Lernmethoden sind sich ähnlich. Gleich – beziehungsweise zu verwechseln – sind sie jedoch nicht, obwohl beide Lernmethoden letztendlich sehr vielversprechend sind.

3.1 Klassisches Konditionieren

Was sich für dich gerade bestimmt fremd anhört, ist bei uns Menschen oftmals in der Erziehung vorzufinden. Erforscht wurde diese Lerntheorie von Iwan Petrowitsch Pawlow. Die Erforschung erfolgte mehr oder weniger durch einen Zufall. Vielleicht hast du schon einmal von dem Pawlow'schen Hund gehört?

Doch der Reihe nach. Bei dem klassischen Konditionieren geht es um ein Lernverhalten, welches in Zusammenhang mit einem Reiz erlernt werden soll. Keine Panik! Was sich hier schwierig und komplex anhört, ist unglaublich simpel. Ivan P. Pawlow wollte ursprünglich die Verdauung eines Hundes genau dokumentieren. Was muss der Hund machen, damit Herr Ivan P. Pawlow die Verdauung beobachten konnte? Richtig! Fressen. Da das Futter nicht aus dem Nichts erscheinen kann, musste es immer von einem Assistenten gebracht werden. Pawlow beobachtete dabei, dass die Geräusche, die der Assistent machte, während er dem Hund das Futter brachte, dieselben Reaktionen hervorrief, als würde der Hund das Futter schon vor sich haben: Er speichelte. Und genau dieses Verhalten weckte das Interesse in Pawlow. Er kam auf die Idee andere Reize zu nutzen: Eine Glocke, welche er unmittelbar vor der Fütterung läuten ließ. Somit stellte Pawlow fest, dass der Hund auch hier mit dem Speicheln auf das Erklingen der Glocke reagierte. Daraufhin verfasste er seine Beobachtungen in einer Theorie: Das klassische Konditionieren wurde geboren.

Wie läuft die Theorie nun ab und wie sieht sie aus? Um das begreiflich zu erklären, benutzen wir einige Fachwörter. Aber keine Angst, du musst diese nicht beherrschen, da ich diese erläutern werde:

*NS → Neutral **S**timmulus → Neutraler Reiz*
*UCR → Unconditioned **R**esponse → Unkonditionierter Reaktion*
*UCS → Unconditioned **S**timulus → Unkonditionierter Reiz*
*CR → Conditioned **R**esponse → Konditionierte Reaktion*
*CS → Conditioned **S**timmulus → Konditionierter Reiz*

Nachdem du nun die Fachwörter, mehr für das Allgemeinwissen, kennengelernt hast, schauen wir uns die Theorie am Pawlow'schen Hund und der Glocke an.

Die Glocke war zu Beginn ein neutraler Reiz (**NS**), denn ob sie gebimmelt hat oder nicht, das war dem Hund völlig egal. Es war eben eine Glocke, die einfach klingelte. Nun löste der Anblick des Futters (**UCS**) bei dem Hund das Speicheln (**UCR**) aus. Was Pawlow nun tat, war, den neutralen Reiz mit dem unkonditionierten Reiz zu koppeln, welcher dann die unkonditionierte Reaktion auslöste. Das heißt übersetzt: Er ließ die Glocke immer direkt vor dem Füttern ertönen.

Nachdem diese Prozedur einige Male wiederholt wurde, reagierte der Hund alleine bei dem Erklingen der Glocke mit dem Speicheln. Die Kombination aus **NS** und **UCS**, also der Glocke und dem Futter wurde zu einem **CS**, einem konditionierten Reiz, auf den der Hund mit dem Speicheln, also dem **CR**, der konditionierten Reaktion, reagierte.
Nun speichelte der Hund also fröhlich, frisch und frei vor sich hin, sobald er die Glocke hörte. Denn er hat gelernt, dass es beim Ertönen der Glocke Futter gibt. Nun reichte der Glockenton also

aus, dass der Hund auf das Futter reagierte, obwohl er gar kein Futter bekommt oder sieht.

Das ist das klassische Konditionieren. Wir alle machen es unterbewusst. Doch wenn man die Theorie einmal gehört hat, so kann man sie bewusst anwenden und verwenden. Dabei brauchst du nicht mal eine Professur abzulegen. Es geht vielmehr darum, dass du die Hintergründe einmal gehört und verstanden hast.

Kommen wir zur zweiten Lernmethode: die zweite Lerntheorie möchte ich dir als Nächstes vorstellen. Sie ist dem klassischen Konditionieren auf den ersten Blick sehr ähnlich, unterscheidet sich aber in der Vorgehensweise.

3.2 Lernen durch Verstärkung

Das Lernen durch Verstärkung hat seine eigene Berechtigung. Beim Lernen durch Verstärkung geht es im Wesentlichen darum, erwünschtes Verhalten zu verstärken und bestärken. Dahingegen soll unerwünschtes Verhalten ignoriert – laut Theorie gegebenenfalls bestraft – werden.

Nun brauchst du keine Angst zu haben. Gewalt ist in jeglicher Erziehung verboten und auf sogenannte Bestrafungen werde ich hier auch nicht eingehen. Lass uns beim Verstärken Druck und Abkürzungen sowie negative Konsequenzen bleiben. Denn hier musst du dir Zeit nehmen. Für alles, was deine Katze gut macht, erhält sie ein Leckerli. Alles andere an Verhalten wird ignoriert. Das hört sich einfach und simpel an. Du musst deine Katze aber nun nicht mit Leckerlis vollstopfen bis ans Ende ihrer Tage. Du bedienst dich den Leckerlis nur für die Dauer des Lernens.

Anschließend verteilst du nur noch sporadisch die Leckerlis an deinen Stubentiger. Es sollen am Ende gerade so viele Leckerlis sein, dass sich deine Katze dem erlernten Verhalten nicht widersetzt, aber nicht so viele, dass die Leckerlis als Hauptnahrungsquelle durchgehen können. Als Belohnung eignen sich übrigens auch Kuscheleinheiten.

3.3 Und im Alltag?

Beide Lerntheorien eignen sich zur Erziehung eines jeden Lebewesens. Ob Hund, Katze, Maus oder das eigene Kind: Der Lerneffekt ist bei beiden Theorien gut. Wie bereits erwähnt wurde, benötigst du dafür keine Professur. Vielmehr solltest du beide Theorien einmal gehört und grob verstanden haben, damit du sie in der Erziehung deiner Samtpfote gekonnt einsetzen kannst. Das Verständnis der Lernmethoden dient aber auch dazu, dass die Konsequenzen des Lernens besser abzuschätzen sind. Denn unabhängig von den Lerntheorien, solltest du dir immer Gedanken darum machen, was du mit deiner Lernmethode erreichen willst. Aber nicht nur das „Was" ist entscheidend, sondern auch das „Wie". Eine gewaltfreie, artgerechte Erziehung ist zwangsläufig notwendig, wenn du ein optimales Verhältnis zu deinem Tier erhalten willst. Lernen aus Angst und durch Gewalterfahrungen führen zu keinem guten Verhältnis und ist dem Leben gegenüber absolut unangebracht. Aber das weißt du sicherlich auch ohne meine Hilfe. Trotzdem ist es mir sehr wichtig, dies noch einmal anzusprechen. Denn, ob du es glaubst oder nicht, eine gewaltfreie Erziehung ist noch längst kein Standard geworden und das wiederum ist sehr traurig!

3.4 Abschließend

Die grobe, theoretische Erziehung wäre somit besprochen. Wir können uns nun der Praxis zuwenden. Trotzdem bist du jederzeit dazu eingeladen, auf diese Theorien zurückzublicken. Vielleicht verhelfen sie dir bei der Erziehung deines Stubentigers und machen dir das Leben so ein wenig einfacher. Grundsätzlich muss aber noch gesagt werden, dass eine gewaltfreie Erziehung Zeit und Geduld benötigt. Wenn du schnelle Erfolge sehen willst, dann bist du falsch beraten. Denn du musst deiner Fellnase genügend Zeit geben, um das Erlernte zu begreifen und auch umzusetzen. Das passiert nicht von heute auf morgen. Das klappt bei uns Menschen ja auch nicht.
Mach dir im Vorfeld darüber Gedanken, was du mit der Erziehung erreichen willst: Wo stehen du und deine Katze? Was erwartest du von deiner Katze und wie kannst du deine Ziele erreichen?

Zugegebenermaßen sind das grundlegende und einfache Fragen. Doch oftmals werden gerade diese einfachen Basics vergessen. Du solltest dir diese Fragen aber vor jeder Erziehungseinheit stellen und die Erziehungsmaßnahme so lange wiederholen, bis deine Katze sie verstanden und umgesetzt hat. Erst dann solltest du zu einer weiteren Erziehungseinheit übergehen. Verlange nicht zu viel auf einmal und splitte komplexe Erziehung in viele kleine Teilschritte auf, dann wird auch die Erziehung in der Praxis zu einer zusammenschweißenden Erfahrung für dich und deine Samtpfote werden.

4. Erziehung in der Praxis – die 10 wesentlichen Tipps

Und damit kommen wir nun auf das Hauptthema dieses Buches endgültig zu sprechen. Wie im Titel versprochen, sollen nun zehn wichtige und informative Tipps folgen. Diese Tipps beinhalten hauptsächlich den Aspekt, wie du deiner Samtpfote die Erziehung auf eine liebevolle und artgerechte Weise zukommen lassen kannst. Doch nun möchte ich an dieser Stelle nicht weiter ausschweifen und dich auf die Folter spannen. Hier kommen sie nun: die versprochenen Erziehungstipps.

4.1 Tipp 1: Das Kennenlernen

Auch auf die Gefahr hin, dass du dich jetzt fragst, was das für ein bescheidener Tipp sein soll, ist er doch der Grundstein. Sich kennenlernen bedeutet nämlich, eine Beziehung zueinander aufzubauen und eingehen. Aus dieser Beziehung wird letzten Endes ein Vertrauensverhältnis entstehen. Darüber hinaus solltest du die individuelle Sprache deines Stubentigers beherrschen.

Warum das so wichtig ist? Ganz klar! Je besser du deine Katze kennst, um so gezielter kannst du die Eigenarten und Bedürfnisse deiner Fellnase abschätzen und auch einschätzen. Dies wird dir die Erziehung erheblich vereinfachen. Ihr beide seid dann ein eingespieltes Team. Diese Basis ermöglicht dir eine Erziehung, die exakt auf deine Katze, aber auch auf dich selbst abgestimmt ist. Das ist ein lobenswertes Ziel, welches du aber nur erreichen kannst, wenn du deine Samtpfote gut kennst.

4.2 Tipp 2: Rücksicht nehmen

Auch das hört sich wieder unheimlich banal an. Aber Rücksicht ist das oberste Gebot. Dabei meine ich, dass du Rücksicht auf die Natur deines Stubentigers nehmen sollst. Du kannst das Rad nun mal nicht einfach neu erfinden. Da bedarf es keinerlei Diskussionen drum. Und genauso wenig, wie du das Rad neu erfinden kannst, kannst du die Natur – beziehungsweise das Wesen und die Charakterzüge – deiner Katze verändern.

Um ein genaues Beispiel zu nennen: Dass Katzen an etwas herumkratzen, das ist eine natürliche Verhaltensweise. Viel mehr noch. Das Abwetzen der Krallen gehört zu deren täglichen Pflegeroutine dazu. Verbietest du das deiner Katze, wäre es vergleichbar damit, dass du dir selbst verbieten würdest, sich zu waschen. Wirklich lustig würdest du das auch nicht finden, oder?

Rücksicht hat also hier auch etwas mit dem Verstehen der Natürlichkeit einer Katze zu tun. Wenn sich deine Katze aber regelmäßig an den Wänden vergreift, so ist das für dich äußerst ärgerlich, keine Frage. Doch solltest du deine Katze nicht davon abhalten, sich die Krallen zu wetzen. Vielmehr solltest du deiner Katze eine Alternative anbieten. Das könnte ein Kratzbaum sein. Immer, wenn sich deine Fellnase an der Wand vergreifen will, setzt du ihn behutsam auf den Kratzbaum. Wenn sich die Katze nun dort beginnt, die Krallen zu wetzen, dann lobst du deinen Stubentiger sofort und umgehend. Entweder kannst du ihn streicheln oder du gibst deiner Fellnase ein Leckerli. Da Katzen sehr schlau sind, wird sie schnell lernen, wie sie an ihr Leckerli kommt. Mit der Zeit wirst du beobachten, dass deine Katze die Wand immer mehr links liegen lässt und den Kratzbaum mit den Leckerlis vorzieht.

4.3 Tipp 3: Lob und Belohnung

Tatsächlich haben wir bei dem Punkt Rücksicht dieses Thema ein bisschen voraus gegriffen. Dies ist aber nicht weiter schlimm. Denn die Wand und der Kratzbaum als Ersatz sind bei Weitem nicht die einzigen Möglichkeiten, Lob und Belohnung anzuwenden.

Wie die Überschrift schon sagt, dreht sich hier alles um Lob und Belohnung. Auch wenn deine Katze gerne ein Leckerli annimmt, so wirst du besonders zu Beginn der Erziehungseinheit merken, dass sich dein Stubentiger nicht so davon begeistern lässt, dass du ihm etwas vorschreiben möchtest. Besonders jetzt kann es vorkommen, dass sich deine Katze auf kleine Machtspielchen einlässt und immer wieder die Grenzen neu auslotet. Das ist kein Grund, um zu verzweifeln. Du brauchst lediglich einen langen Atem und viel Durchhaltevermögen.

Sicherlich wird es die eine oder andere Situation geben, in denen du am liebsten Feuer spucken möchtest, so sehr kocht es in dir hoch. Doch gerade in solchen Situationen ist es wichtig, dass du durchatmest und ruhig sowie geduldig bleibst. Sobald die Katze dem unerwünschten Verhalten nicht mehr nachgeht, wird es Zeit für die Belohnung. Das bedeutet, dass deine Katze beispielsweise das Kratzen an der Wand unterlässt und stattdessen den von dir bereitgestellten Kratzbaum nutzt.
Aber auch was das Kratzen und Beißen angeht, braucht deine Katze Grenzen. Wenn du mit deinem Liebling spielst, so kann es schon mal passieren, dass deine Samtpfote dich beißt oder einmal richtig die Krallen in deine Hand rammt. Hier solltest du die Spielsituation umgehend beenden, deine Katze behutsam auf den Arm nehmen und (vorausgesetzt, du hast mit ihr im

Wohnzimmer gespielt) vor die offene Wohnzimmertür setzen. Dann gehst du zurück zu deinem Platz. Deine Katze wird sich dann mit der Zeit überlegen, ob es gut ist, dich zu beißen und zu kratzen. Irgendwann wird das Verhalten rückläufig und ihr beide könnt miteinander spielen, ohne dass es zu Verletzungen kommt. Jetzt wird es wieder höchste Zeit für eine unmittelbare Belohnung. Wenn deine Katze dich also nicht gebissen und gekratzt hat, bekommt sie von dir wieder ein Leckerli. Sie wird schnell merken, dass es viel effektiver für sie ist, ohne Beißen und Kratzen zu spielen.

Du kannst und musst deine Katze bei jeder Situation, in der sie sich richtig und nach deinen Wünschen verhält, umgehend loben und belohnen. Nur so wird die Erziehung fruchten und deine Katze weiß, dass du auf dem richtigen Dampfer bist. Besonders zu Beginn sollte eine Belohnung und Lob immer umgehend erfolgen und nicht zeitverzögert. Dies ist für das Lernverhalten deines Lieblings unabdingbar.

Ich möchte dir an dieser Stelle mal aufzeigen, welche Lob- und Belohnungsmöglichkeiten es – außer Leckerli – noch so gibt:

- Leckerli (da Leckerlis eine beliebte Methode der Belohnung darstellen, sollten sie auf gesunder Basis hergestellt sein. Das bedeutet, dass die möglichst ohne Zucker oder Getreide sind.)
- Spielaktivitäten (mag deine Fellnase eine besondere Form des Spielens, dann wende sie doch direkt als eine Art der Belohnung an)
- „Flüssige“ Leckerlis (bei Leckerlis denkt man immer an die feste Form der Nahrung – wie beispielsweise

Trockennahrung. Greife als Belohnung doch mal auf Katzenmilch oder Katzen-Leberwurst zu.)

- Kuscheln (auch Kuschel- und Schmuseeinheiten sind eine tolle Option für Lob und Belohnungen.)
- das Bürsten (viele Katzen lieben es, wenn sie gestriegelt und gebürstet werden. Mit einer speziellen Katzenbürste lässt sich das Wohlbefinden nochmals steigern)

4.4 Tipp 4: Das Kommando

Du kannst zur Verdeutlichung deiner Erziehungswünsche Kommandos mit einbinden. Allerdings musst du hier zuvor noch ein paar Kleinigkeiten beachten, damit deine Katze das gewünschte Kommando auch erlernt.

Gehen wir einmal von dem Beispiel aus, dass deine Katze immerzu auf den Tisch springt, du dies aber nicht möchtest. Sobald deine Katze wieder auf den Tisch gesprungen ist, gehst du zu ihr hin, sagst deutlich „Nein!“ und hebst die Katze vom Tisch herunter. Ein deutliches „Nein!“ bedeutet, dass du es in einem ruhigen, aber ernsten und strengen Tonfall sagen sollst. Keineswegs solltest du deine Katze anschreien. Wichtig ist weiterhin, dass das Kommando ein einfaches, kurzes Wort ist, an welches sich alle in deinem Haushalt lebenden Menschen halten. Denn der Lerneffekt wird verpuffen, sobald jeder versucht, seine eigenen Kommandos für ein und dieselbe Tat umzusetzen. Das führt nur zu Verwirrungen bei deiner Katze, die absolut überflüssig sind.

Übrigens musst du dich nicht auf ein „Nein!“ beschränken. Du darfst auch jedes andere beliebige Wort benutzen, um ein

Kommando für deine Samtpfote festzulegen. Wichtig ist nur, dass du dich für ein Signalwort entscheidest und dieses dann konsequent durchsetzt.

4.5 Tipp 5: Schnell reagieren

Schnelle Reaktionen zeigen: das ist die Devise dieses Erziehungstipps. Denn anders, wie es bei uns Menschen der Fall ist, können Tiere nicht weit in die Vergangenheit zurückdenken. Damit ist gemeint, dass deine Samtpfote es nicht verstehen wird, wenn du sie auch nur 15 Sekunden später tadelst. Für die Katze fehlt dann jeglicher Zusammenhang zwischen deinem Schimpfen und der Tat. Darum ist es unerlässlich, dass deine Reaktionen sofort und nicht zeitverzögert auf das erwünschte oder unerwünschte Verhalten folgen.

Welche Konsequenzen hat ein verzögertes Reagieren? Deine Katze wird ganz einfach falsche Rückschlüsse ziehen und letztendlich nicht wissen, warum sie sich jetzt mit den Konsequenzen auseinandersetzen muss. Wenn du deinen Stubentiger dafür belohnen möchtest, dass er seine Krallen am Kratzbaum pflegt, du aber zeitverzögert reagierst, bringt er das von dir gewünschte Verhalten nicht mit der Belohnung in Zusammenhang. Ebenso gilt das natürlich für das Tadeln und Ermahnen. Wenn du deine Katze erst auf den Kratzbaum (als Alternative zur Wand) setzt, wenn sie es sich gerade auf dem Stuhl gemütlich gemacht hat, weiß deine Katze absolut nicht, warum sie nun auf den Kratzbaum gesetzt wird. Es findet also keine Verbindung zwischen deiner Tat und dem erwünschten, beziehungsweise unerwünschten Verhalten statt.

4.6 Tipp 6: Konsequent bleiben

Auch hier kann man es wieder verallgemeinern, denn konsequentes Handeln unterstützt und fördert die Erziehung eines jeden Lebewesens. Doch was genau ist mit der Konsequent eigentlich gemeint?

Konsequentes Handeln bedeutet, dass du, egal für welches Lebewesen, berechenbar bleibst. Dies geschieht aber nur, wenn in diesem Fall deine Katze genau weiß, mit welchen Konsequenzen sie rechnen muss, wenn sie jetzt wie gewünscht reagiert. Sie muss verstehen, dass das unerwünschte Verhalten ein Ergebnis mit sich bringt, dass der Fellnase nicht gefallen wird. Wenn allerdings mal ein Lob kommt und mal nicht, dann verzögert und erschwert es das Lernen deiner Katze enorm. Konsequentes Handeln setzt also immer einen festgelegten Ablauf voraus, nach welchem Muster sich Dinge abspielen.

Um es für dich an einem Beispiel zu verdeutlichen: Deine Katze springt immer auf den Tisch. Mal hebst du sie runter, mal schimpfst du und mal ist es dir egal und du gehst einfach daran vorbei. Damit hast du inkonsequent gehandelt und das wird dir dein Stubentiger schnell in Rechnung stellen. Du verwirrst ihn nicht nur mit diesem Verhalten, sondern du forderst ihn geradezu heraus, sich dir zu widersetzen und dich herauszufordern. Auch wenn es schwerfällt, aber ich gebe dir an dieser Stelle folgenden Tipp: wenn du dir eine Erziehung vornimmst, dann bleib dabei und weiche unter keinen Umständen davon ab! Konsequenz zahlt sich aus.

4.7 Tipp 7: Gewaltverbot

Gewalt ist keine Lösung und das zählt in allen Lebenslagen und Situationen. Natürlich macht die Erziehung deiner Katze dabei keine Ausnahme. Gewalt gehört in keine Umgangsform mit einem anderen Lebewesen. Und dazu sollte man abgrenzen, ab wann etwas Gewalt ist. Denn in Bezug auf deine Katze ist eine Form der Gewalt schon das Anschreien. Katzen haben ein viel feineres und sensibleres Gehör. Wenn du also deine Katze anschreist oder lauter wirst, kann es ihr im Gehör wehtun und sie kann sogar einen Schaden davontragen.

4.8 Tipp 8: Wasserpistolen und der liebe Nackengriff

Beides gehört nicht in die Erziehung einer Katze. Die unfreiwillige Dusche zur Bestrafung mit einer Wasserpistole ist für deinen Stubentiger nicht nur höchst unangenehm, er kann sich auch sehr davor fürchten. Vielleicht weiß er es nicht sofort, dass du den Abschuss der Dusche zu verantworten hast, aber früher oder später wird er dich mit der Dusche in Zusammenhang bringen und das wird dir dein Vertrauensverhältnis zu deiner Katze kosten. Sie wird sich das von dir nicht gefallen lassen und kann dementsprechend (auch aus Angst) aggressiv auf dich reagieren.

Ähnliches zählt für den Nackengriff. Nur weil Katzenmamas ihre Jungen im Nacken packen und abführen, bedeutet das noch lange nicht, dass du das auch tun solltest! Diese Methode sollte einzig und allein den Katzenmamas überlassen werden. Die wissen genau, was sie da tun und wie sie es tun!

4.9 Tipp 9: Zwänge

Dieser Erziehungstipp zielt ebenfalls auf ein Verbot ab. Auch wenn du es dir nicht vorstellen kannst, deiner Katze jemals einen Zwang bewusst zu unterwerfen, so kann es doch gelegentlich schneller passieren, als man annehmen würde.

Der Zwang fängt dort an, wo die Kooperation deiner Katze aufhört. Wenn deine Katze also kein Interesse mehr an dem hat, was du gerne mit ihr machen möchtest, so solltest du dieses akzeptieren und nicht versuchen, sie zwanghaft in dieser Situation verweilen zu lassen. Unter Umständen könnte dabei die Beziehung zwischen dir und deiner Katze darunter leiden. Ja, die Beziehung zwischen euch könnte sogar zerstört werden. Vermeide also bestenfalls Zwänge und zwanghafte Situationen.

Einzige Ausnahme sind hierbei Notfälle! Wenn es dringend erforderlich ist, einen Tierarzt aufzusuchen, sich deine Katze aber absolut nicht einfangen lassen möchte, so ist der Zwang legitim. Hierbei handelt es sich nämlich um eine Situation zwischen Leben und Tod. Aber selbst hier solltest du dich darum bemühen, den Zwang so gering wie nur möglich zu halten. Versuche immer wieder ruhig und gelassen auf dein Tier einzureden – auch wenn du in Sorge bist.

4.10 Tipp 10: Stubenreinheit

Katzen sind sehr saubere Tiere und werden in der Regel nahezu von selbst stubenrein. Doch gerade dann, wenn die Katze noch nicht lange bei dir wohnt, kann es immer mal sein, dass etwas daneben geht. Auf gar keinen Fall darfst du, wie es so häufig propagiert wird, die Nase deiner Katze in die Exkremente halten!

Lasse mich meine Meinung diesbezüglich offen aussprechen: das ist barbarisch, widerlich und eine Zumutung! Deine Eltern haben dir damals bei einem Unfall auch nicht die verschmutzte Unterwäsche ins Gesicht gehalten.

Gehe lieber wie folgt vor: Erwischst du deine Fellnase direkt bei der Stubenunreinheit, kannst dich niederknien und ihr mit einem klaren „Nein" verdeutlichen, dass ihre Reaktionen inakzeptabel sind. Fällt es dir erst später auf, dass deine Katze unrein war, kannst du die an den Ort des Geschehens zurückbringen. Katzen haben zwar kein allzu gutes Erinnerungsvermögen, erkennen aber ihren eigenen Urin und ihre Exkremente. Setze sie genau vor dem Fleck oder Haufen und vermittle ihr ein strenges (aber nicht schreiendes) Nein.

Beachte bitte folgendes: War deine Fellnase bis dato stubenrein und hat nicht in die Wohnung gemacht, ist das ein Grund dies beim Tierarzt abchecken zu lassen. Vor allem, wenn eine Mieze bereits stubenrein war, ist es sehr merkwürdig, dass sie mit der Stubenunreinheit wieder anfängt. Womöglich liegt ein psychisches oder körperliches Problem vor, welches unbedingt abgeklärt werden muss.

Du kannst deine Katze stattdessen auch loben und belohnen, wenn sie anfängt das Katzenklo zu benutzen. Setze sie in das Katzenklo. Fängt sie an, das Geschäft an diesem Ort zu verrichten, belohnst du sie dafür.

An dieser Stelle möchte ich noch auf den Standort des Katzenklos eingehen: Leider passiert es oft, dass das Klo an falscher Stelle aufgebaut und platziert wird. Es kann passieren, dass dir der Ort perfekt erscheint, deine Katze jedoch diese Umgebung vielleicht nicht mag, weil sie sich dort unsicher fühlt oder keine Ruhe bekommt. Solltest du deine Katze also trotz Lob und Belohnung nicht stubenrein bekommen, versuche mal, das Katzenklo umzustellen.

Wichtige Aspekte für die Aufstellung des Katzenklos:

- die Katzentoilette muss leicht zu erreichen sein
- platziere das Klo nicht in der Nähe von Lärm und Krach
- keine unmittelbare Nähe zum Futter- und Wassernapf
- Katzenklo sollte sicher platziert werden; Ecken oder Nischen eignen sich hierfür
- eine gute Sicht ist das A und O, wenn es um den Standort der Toilette geht

4.11 Abschließend

Bei allem Einsatz, den du aufbringst und bei aller Liebe, die du für deine Katze empfindest, gibt es dennoch Situationen, in denen das nicht ausreicht. Die Gründe hierfür können vielfältig, vor allem aber auch vielschichtig sein. Besonders dann, wenn du die Vorgeschichte deines Lieblings nicht kennst und deine Erziehungsmaßnahmen fehlschlagen, ist es an dieser Stelle ratsam, einen Katzenpsychologen zurate zu ziehen.

Dieser kann dir und deinen Stubentiger zu einem gemeinsamen, glücklichen und vertrauensvollen Leben verhelfen. Es ist absolut nicht schlimm, sich Hilfe von außen zu holen. Ganz im Gegenteil! Dass du bereit bist, dir einen Fachmann zur Seite zu holen, zeugt von wahrer Größe. Manchmal gibt es einfach Fälle und Situationen, da hilft alle Liebe und keine Zeit der Welt eben nicht. Aber der Fachmann ist bezüglich solcher Probleme eine kompetente Hilfe und kann ebenfalls sagen, wo das Problem seinen Ursprung hat. Manchmal sieht man selbst den Wald vor lauter Bäumen nicht. Aber verzage nicht! Mit professioneller Hilfe an deiner Seite ist das bald Schnee von gestern.

5. Die 10 Tipps gegen die Langeweile deiner Katze

Hast du eine Hauskatze, so bleibt diese ständig in deiner Wohnung. Freigänger sind den Tag über unterwegs und erleben viele Dinge. Sie erkunden ihr Revier, kämpfen und spielen mit anderen Katzen und gehen auch mal auf Beutejagd. All diese Beschäftigungen fehlen bei einer Hauskatze. Sie muss sich in der Wohnung Abwechslung suchen. Hat deine Katze zu wenige Möglichkeiten, um zu spielen, kann sich ihr Verhalten verändern. Deine Katze könnte aggressiv und unausgeglichen werden und beispielsweise Möbelstücke zerstören. Ein vermehrtes Schlafen ist ebenfalls ein Zeichen von Langeweile. Ältere Katzen schlafen zwar mehr, jedoch kannst du dir sicher sein, dass deine Fellnase gelangweilt ist, wenn du plötzlich ein vermehrtes Schlafen bei deiner Katze beobachtest. Hier möchte ich dir einige Tipps geben, wie du die Langeweile im Leben deiner Katze vermeiden kannst.

5.1 Tipp 1: Ein Artgenosse

Katzen sind keine Einzelgänger. Dies nehmen zwar viele Menschen an, doch letztendlich ist das schlichtweg ein Irrtum. Katzen brauchen einen Artgenossen, mit dem sie sich unterhalten, austauschen, zanken und spielen können. Egal, wie viel Zeit du mit deiner Katze verbringst – du kannst einen Artgenossen nicht ersetzen. Daher solltest du schon beim Kauf der Katze daran denken, zwei Tiere in dein Heim zu holen. Hat deine Katze immer die Möglichkeit mit einem Freund zu spielen, wird die Langeweile niemals so groß werden, als wenn deine Katze ständig alleine ist. Der Hintergrund hier ist, dass du das

Spielverhalten einer Katze nicht leicht nachahmen kannst. Du kannst deine Katze zwar mit diversen Spielzeugen beschäftigen und ihr auch Liebe und Kuscheleinheiten geben. Das natürliche Spielen hingegen kannst du nicht ersetzen, denn bei Katzen geht es manchmal recht grob zu. Kein Mensch würde sich von seiner Katze beißen oder kratzen lassen. Katzen spielen aber oft genau auf diese Weise miteinander. Sie beißen sich gegenseitig auf eine zärtliche Art und Weise, die dir als Katzenbesitzer aber Schmerzen zufügen würde. Auch die Jagd kannst du nicht nachahmen oder ersetzen. Katzen sind Jäger und wollen diesen Trieb auch ausleben. Deine Katzen werden durch die Wohnung laufen und sich gegenseitig jagen. Dies ist ein natürliches Verhalten, das du auch nicht verbieten solltest.

Wie du siehst, ist ein Spielgefährte für deine Katze sehr wichtig. Achte aber unbedingt darauf, dass die Katzen so ziemlich im gleichen Alter sind, denn eine alte Katze wird mit einem jungen Kätzchen überfordert sein und es kann zu Problemen und Auseinandersetzungen kommen.

5.2 Tipp 2: Elektrisches Spielzeug

Es gibt so einiges an elektrischen Spielzeug-Artikeln auf dem Markt. Vor allem einige tolle Bälle machen das Leben der Katze etwas interessanter. Spielbälle, die mit Batterien betrieben werden, können Geräusche machen und durch die Gegend rollen. Diese verfügen über eine Ein- und Ausschaltautomatik, sodass sie nicht durchgehend eingeschaltet sind. Erst wenn deine Katze den Ball mit der Pfote anstößt, schaltet sich dieser ein. Wird der Ball über längere Zeit nicht bespielt, schaltet sich dieser wieder aus. Auch Mäuse, die durch die Wohnung flitzen, sind eine willkommene Abwechslung für deinen Liebling. Diese kleinen Mäuse verfügen ebenfalls über eine Ein- und Ausschaltautomatik. Doch auch Spielzeuge, die du von weit weg mit einer App auf deinem Smartphone steuern kannst, sind eine tolle Sache. Mit elektrischen Spielzeugen hat deine Katze garantiert viel Spaß und es kommt nur selten Langeweile auf. Auch der Jagdtrieb kann ausgelebt und gefördert werden. Dies ist für deine Katze sehr wichtig, denn so hat sie die Möglichkeit ihr natürliches Verhalten auszuleben. Achte darauf, dass du nicht zu viele Spielzeuge auf einmal benutzt. Wechsle diese immer wieder ab, sodass deine Katze auch immer wieder neue Spielzeuge zur Verfügung hat. Außerdem sollte deine Fellnase ein Erfolgserlebnis bei der Jagd erleben, denn sonst könnte deine Samtpfote schnell genervt sein und sich eine andere Beschäftigung suchen. Achte bestenfalls auch darauf, dass das Spielzeug nicht immer frei zugänglich ist, denn so könnte deine Mieze das Interesse für das Spielzeug verlieren.

5.3 Tipp 3: Spielzeuge allgemein

Spielzeuge sind generell gute Dinge, um die Langeweile deiner Katze zu reduzieren. Kleine Bälle oder Mäuse sind gut, um das Jagdverhalten deiner Katze zu fördern. Die Katze ist ein natürlicher Jäger und sie muss dieses Verhalten auch in der Wohnung oder im Haus leben können. Es gibt auch spezielle Angeln im Fachgeschäft zu kaufen. Diese kannst du in deiner Wohnung anbringen, sodass deine Katze immer wieder damit spielen kann. Auch unterschiedliche Ballspiele sind eine wahre Abwechslung für deine Katze. Aber auch hier gilt das Prinzip, dass du deine Katze nicht überfordern solltest. Der wiederholte

Kauf von neuen Spielzeugen kann schnell zu einer Reizüberflutung der Fellnase führen.

5.4 Tipp 4: Selbstgebastelte Spielzeuge

Möchtest du nicht ständig neue Spielzeuge kaufen, kannst du diese auch selber basteln. Eine Klopapierrolle mit kleinen Löchern, die oben und unten verschlossen wird, kann das Jagdverhalten deiner Katze fördern. Stecke ein paar Leckerlis in die Rolle und verschließe diese. Wenn deine Katze nun die Rolle durch die Wohnung rollt, fallen immer wieder Leckerlis heraus und deine Katze wird belohnt. Du kannst auch aus verschiedenen Decken eine Höhle für deine Katze bauen. Nähst du zwei Ecken der Decke zusammen, so kannst du etwas Zellophan mit einnähen. Deiner Katze wird das Rascheln der Decke lieben. Auch Alufolie ist ein tolles Material für deine Katze. Daraus kannst du Bälle formen, die deine Katze durch die Wohnung rollen kann. Wie du siehst, kannst du auch mit einfachen Alltagsgegenständen wunderbare Spielzeuge für deine Katze zaubern.

5.5 Tipp 5: Spielzeuge aus der Natur

Auch Wohnungskatzen lieben den Duft der Natur. Du kannst dünne Stöcke von einem Baum abreißen und in die Wohnung bringen. Deine Katzen werden sehr gerne damit spielen. Auch unterschiedliche Blätter können eine willkommene Abwechslung sein. Achte aber darauf, dass du keine giftigen Blätter in die Wohnung bringst. Auch Vogelfedern können ein tolles Spielzeug sein. Katzen lieben die Gerüche von draußen und sie werden dir sehr dankbar sein, wenn du ihnen diese ermöglichst.

5.6 Tipp 6: Radio laufen lassen

Wenn du nicht zu Hause bist, ist es sehr ruhig in der Wohnung. Es könnte auch deiner Katze zu ruhig werden. Schnell kommt Langeweile auf und deine Mieze kann dadurch auf blöde Ideen kommen. Das Kratzen der Möbel oder das Zerstören von anderen Gegenständen können das Resultat sein. Lässt du das Radio an, hat deine Katze immer das Gefühl, dass jemand in der Nähe ist. Katzen sind mittlerweile an die Stimme der Menschen gewöhnt. Mit einem Radio kannst du ihr ein gutes Gefühl geben. Außerdem vermittelt das Radio Sicherheit, da immer jemand spricht und deine Katze sich dann weniger alleine fühlt.

5.7 Tipp 7: Ein lauschiges Plätzchen am Fensterbrett

Deine Katze liebt es die Umgebung zu beobachten. Auch die Aussichten nach draußen genießt deine Samtpfote sehr. Du kannst ihr ein Plätzchen auf der Fensterbank richten, sodass deine Katze jederzeit nach draußen sehen kann. Vorbeifahrende Autos können genauso interessant sein, wie auch Fußgänger und andere Tiere. Vor allem Vögel begeistern deine Fellnase sehr. Achte aus diesem Grund also immer darauf, dass du deiner Katze ermöglichst, frei zum Fenster zu gelangen. Am Ende des siebten Tipps angekommen, möchten wir uns dem nächsten Tipp widmen.

5.8 Tipp 8: Vogelfutter am Fensterbrett

Um deiner Katze Abwechslung zu bieten und Vögel anzulocken, kannst du Vogelfutter auf das äußere Fensterbrett streuen. Schnell werden die Vögel merken, dass es Futter zu holen gibt und auch, dass deine Samtpfote ihnen nichts antun kann. Vögel sind sehr intelligent und werden immer wieder zur Futterstelle kommen. Für deine Katze ist das die perfekte Abwechslung, mit der sie immer wieder neue Vögel zu sehen bekommt. Auch der Jagdinstinkt bleibt dadurch erhalten. Quasi geht sie mit dieser Möglichkeit auf Entdeckungstour. Einen kleinen Nachteil hat die Sache aber: Denke daran, das Fenster öfter zu putzen. Die Pfoten Abdrücke deiner Mieze werden nämlich schnell an der Glasscheibe erscheinen. Aber ich denke, das ist es wert, oder?

5.9 Tipp 9: Der Gang auf den Balkon

Biete deiner Katze immer wieder die Möglichkeit auf den Balkon oder auf die Terrasse zu gehen. Denn auch wenn deine Katze eine reine Wohnungskatze ist, gibt es draußen so vieles zu entdecken. Vor allem mit der Nase kann deine Katze ihre Umwelt erkunden. Tolle Gerüche locken deine Samtpfote auf den Balkon und frische Luft stärkt das Immunsystem deiner Katze. Außerdem sorgt der Auslauf auf den Balkon auch für mehr Zufriedenheit. Langeweile wird dadurch nur sehr selten aufkommen. Achte aber darauf, dass deine Katze nicht vom Balkon springt. Ein Katzennetz kann Abhilfe schaffen. Beim Kauf des Katzennetzes solltest du darauf achten, ein farbiges Netz zu kaufen. Durchsichtige Netze werden von Vögeln oft übersehen und diese könnten sich im Netz verhängen.

5.10 Tipp 10: Kartons und Klettermöglichkeiten

Egal, ob du einen Kratzbaum in die Wohnung stellst, oder du deine Katze auf Regale und Schränke klettern lässt – deine Samtpfote liebt es hoch oben zu liegen. Von hier aus hat deine Katze alles im Blick und nebenbei noch einen perfekten Rückzugsort. Kartons sind sehr beliebte Spielzeuge. Katzen spielen damit, schlafen darin und klettern auch auf die Kartons. Eine Schachtel gefüllt mit Zeitungspapier ist das wahre Paradies für Katzen. Denk aber daran, dass das Zeitungspapier zerfetzt wird und dass du viele Schnipsel auf dem Boden haben wirst. Deine Katze wird es dir aber danken.

6. Die 10 größten Fehler in der Katzenerziehung

Jeder Mensch macht Fehler und auch in der Katzenerziehung sind Fehler keine Seltenheit. Du brauchst auch kein schlechtes Gewissen zu haben, wenn du einen Fehler begehst. Wichtig ist nur, dass du den Fehler einsiehst und diesen beseitigst, beziehungsweise ihn nicht wiederholst. Das bedeutet, immer wieder die gleichen Fehler zu machen, sollte dringend vermieden werden. Egal, welchen Charakter deine Katze besitzt, sie verzeiht dir viel, aber nur eine gewisse Zeit lang. Machst du denselben Fehler immer wieder, wird deine Samtpfote bald keine Lust mehr haben, von dir erzogen zu werden. Du solltest daher genau darauf achten, wie deine Katze auf deine Fehler reagiert und diese sofort korrigieren. In diesem Kapitel möchte ich dir zeigen, was die häufigsten Fehler in der Katzenerziehung sind und wie du diese vermeiden kannst.

6.1 Gewalt

Gewalt ist natürlich nie eine Lösung. Bist du ein ungeduldiger Mensch, wirst du es in der Katzenerziehung nicht leicht haben, denn die Katze braucht einige Zeit, bis sie versteht, was du von ihr willst. Auch ist es vom Charakter abhängig, wie schnell und wie gut deine Katze auf dich hört und neue Sachen erlernt. Es kann der Moment kommen, indem du total verzweifelst und furchtbar genervt bist. Doch auch in diesem Moment ist Gewalt keine Lösung. Ganz egal, ob du deiner Katze etwas beibringen oder verbieten möchtest. Ein Klaps auf den Hintern, am Genick hochheben oder gar nach der Katze treten ist ein absolutes No-Go. Gewalt in jeglicher Form hat in der Katzenerziehung nichts verloren. Denk daran, dass deine Samtpfote dir in Größe und Stärke weitaus unterlegen ist. Solltest du in die Situation kommen, in der deine Geduld am Ende ist und du aggressiv wirst, ist es die beste Entscheidung, den Raum zu verlassen. Geh deiner Katze für einige Minuten aus dem Weg und beruhige dich, ehe du dich wieder der Lernzeit und den Lerneinheiten widmest. Es mag nervig sein, wenn du deiner Katze gefühlte 100-mal versuchst beizubringen, dass sie am Tisch nichts verloren hat. Doch mit Gewalt wird die Situation nicht besser und deine Katze wird nie machen, was du von ihr verlangst. Gewalt ist kontraproduktiv und führt euch nicht an das gewünschte Ziel.

6.2 Anschreien

Anschreien ist ebenfalls eine Form von Gewalt. Deine Samtpfote hat ein weitaus feineres Gehör, als du selbst. Deine kleine Fellnase hört alles bei weitem lauter, als jeder Mensch. Schon, wenn du mit lauter Stimme sprichst, ist das für deine Katze sehr unangenehm und sie könnte sich erschrecken. Schreist du deine Katze an, könnte ihr das Schmerzen in den Ohren bereiten. Ebenfalls führt ein zu lauter Ton dazu, dass deine Mieze Angst bekommt und sich verkriecht. Mit Lernen ist dann erstmal Schluss. Kommt es öfter vor, dass du laut mit ihr sprichst, verliert sie das Vertrauen zu dir und entwickelt Angst. Schreist du deinen deine Fellnase oft an, wird sich diese Angst immer weiter verstärken, bis deine Katze Panik bekommt, wenn du auch nur den Raum betrittst. Sie wird versuchen sich schnell zu verstecken und reagiert gar nicht mehr auf dich. Katzen sind sehr sensible Tiere. Sie verziehen dir deine Fehler, je nach Charakter, recht schnell. Zeigst du jedoch immer wieder dasselbe Verhalten und schreist deine Katze an, wird sie dir das irgendwann nicht mehr verzeihen. Um dies zu verhindern, solltest du deiner Katze zeigen, dass er dir vertrauen kann. Sollte es vorkommen, dass du deine Samtpfote anschreist, beruhig dich schnell wieder und versuche sie auf den Arm zu nehmen. Mit Streicheleinheiten ist dein Fehler schnell vergessen.

6.3 Die Katze nerven

Viele Menschen merken gar nicht, wenn sie ihre Katze nerven. Deine Samtpfote zeigt dir jedoch sehr genau, wann sie ihre Ruhe haben will. Ein eindeutiges Zeichen wäre, wenn deine Katze sich verkriecht. Meistens schleichen sie unter ein Möbelstück oder setzen sich hoch oben auf den Kratzbaum. Doch auch weniger sichtbare Zeichen deuten darauf hin, dass deine Katze ihre Ruhe haben will. Sie legt die Ohren zurück und könnte fauchen sowie knurren. Hat deine Katze keine Lust mit dir zu spielen oder zu kuscheln, solltest du sie in Ruhe lassen. Viele Menschen machen jedoch den Fehler, dass sie die Katze auf den Arm nehmen und sie dennoch streicheln und festhalten. Auch mit Spielzeugen werden die Katzen oft genervt. Springt deine Katze nicht direkt auf das Spielzeug an, lass es lieber sein. Auch Kinder nerven Katzen oft. Sie wollen die kleinen Mitbewohner ganz für sich alleine haben. Doch eine Katze ist ein Lebewesen, das seine eigenen Bedürfnisse hat und sehr genau weiß, was sie will und was nicht. Mit einer genervten Katze brauchst du nicht zu trainieren. Da hat Erziehung keinen Sinn.

6.4 Inkonsequenz

Inkonsequenz ist eine Sache, die weder in der Erziehung von Kindern, noch in der Erziehung von Katzen etwas zu suchen hat. Eigentlich hat sie in gar keiner Erziehung etwas verloren. Gibst du deiner Katze einen Befehl und sie führt diesen nicht aus, ist es also sinnvoll dranzubleiben. Tust du das nicht, wird sich deine kleine Katze das sehr schnell merken. Wenn deine Katze einfach lange genug nicht das tut, was du sagst, gibst du auf.

Genau dieses Verhalten merkt sich deine Samtpfote. Auch wenn deine Katze etwas falsch gemacht hat und du „tadelst" sie, musst du konsequent bleiben. Hüpft dein Schatz ständig auf den Tisch und du hebst ihn immer wieder herunter, solltest du dieses Verhalten weiterhin beibehalten. Gibst du irgendwann auf und lässt die Katze auf dem Tisch liegen, wird sie merken, dass du es nicht so ernst meinst. Auch das Thema Fütterung vom Tisch, wird oft sehr inkonsequent gelebt. Einmal darf die Katze vom Tisch mitessen und einmal nicht. Das verwirrt deine Fellnase und er oder sie weiß nicht mehr, was richtig oder falsch ist. Mit Inkonsequenz ist jede gute Erziehung schnell dahin. Da kannst du noch so gut trainieren und gute Vorsätze haben. Ohne Konsequenz wirst du in der Katzenerziehung nichts erreichen und deinem Ziel fernbleiben.

6.5 Zu viel verlangen

Möchtest du deine Katze erziehen, solltest du dir von Anfang an kleine Ziele setzen. Möchtest du, dass deine Katze nicht auf die Arbeitsfläche in der Küche springt, so musst du ihr das von klein auf beibringen. Soll deine Katze auch nicht auf den Tisch oder auf das Sofa, ist ebenfalls von Beginn an eine konsequente

Erziehung wichtig. Viele Menschen beginnen erst im Erwachsenenalter der Katze Tricks zu lernen. Dann soll aber alles schnell gehen. Das ist ein Ding der Unmöglichkeit. Soll deine Fellnase einen neuen Trick lernen, gehe langsam an die Sache heran. Kleine Fortschritte sind sehr wichtig, um deiner Katze zu zeigen, dass sie alles richtig macht. Ebenso wird dadurch der Frust verhindert. Auch beim Clickertraining ist dies sehr wichtig. Möchtest du aber, dass deine Katze von heute auf morgen neue Dinge lernt und diese auch behält, werdet nicht nur du, sondern auch dein Mitbewohner schnell genervt sein, da ihr die vorgegebenen Ziele nicht erreicht. Deine Katze ist keine Maschine und wird viele Dinge nicht sofort beherrschen. Mit kleinen Schritten zum großen Ziel – das ist hier die Devise. So macht nicht nur das Trainieren Spaß, sondern auch das Erreichen eurer Ziele bringt euch näher zusammen.

Verzweifele jetzt nicht, wenn du deine Fellnase im Erwachsenenalter zu dir genommen hast. Natürlich ist das Erfolgserlebnis bei kleineren Katzen höher. Jedoch kannst du auch mit einer ausgewachsenen Katze sehr gut trainieren und sie super erziehen. Zwar wird es der Fall sein, dass es etwas mehr Zeit und Geduld braucht, aber auch mit einer ausgewachsenen Katze wirst du zum Ziel kommen.

6.6 Natürliches Verhalten verbieten

Katzen legen oft natürliches Verhalten an den Tag, das den Besitzern nicht sonderlich gefällt. Dazu gehört beispielsweise das Jagen oder das Krallen wetzen. Katzen haben einen natürlichen Jagdinstinkt, den sie auch in der Wohnung oder im Haus nachgehen und ausleben müssen. Auch deine Samtpfote wird ihrem Instinkt folgen und ihr Spielzeug jagen. Das kann manchmal ziemlich laut sein, denn deine Fellnase flitzt durch das Haus und springt über deine Möbel. Das Krallenwetzen gehört ebenso zum natürlichen Verhalten. Die Katze macht das, um immer scharfe Krallen zu haben, sollte sie auf Beutejagd gehen. Ebenso gehört dies zur typischen Katzenpflege. Auch wenn du eine Hauskatze hast, wird diese ihre Krallen an deinen Möbeln wetzen wollen. Lasse dies nicht zu, denn deine Einrichtungsgegenstände leiden sonst sehr unter den Krallen. Jedoch musst du deiner Samtpfote eine Alternative bieten. Ein Kratzbaum oder eine kleine Kratzwelle kann hier Abhilfe schaffen. Du solltest deiner Fellnase mehrere Möglichkeiten bieten, um die Krallen zu wetzen. Ein Kratzbaum für zwei Stubentiger wird wohl zu wenig sein. Verbietest du das natürliche Verhalten, wird dir deine Katze das sehr übelnehmen. Das natürliche Verhalten der Tiere, egal welche Rasse es letztendlich ist, solltest du grundsätzlich nie verbieten.

6.7 Beim Fressen stören

Beim Fressen hört der Spaß auf. In der freien Natur muss die Katze ihre Beute selbst fangen, um etwas zu essen zu haben. Bei Hauskatzen ist es also etwas anders: dein Stubentiger macht es sich einfacher und lässt sich von dir das Futter reichen. Hierbei ist es wichtig, deinen Liebling immer zur gleichen Zeit zu füttern. Katzen verfügen über ein optimales Zeitgefühl und merken sich ihre Futterzeiten sehr gut. Du solltest deiner Samtpfote die Möglichkeit geben, in Ruhe zu fressen. Viele Menschen wissen nicht, wie sehr sie ihre Katze stressen, wenn diese keine ausreichende Zeit zum Fressen hat.

Schauen wir uns folgendes Beispiel an: der Futterplatz ist oft in der Küche. Deine Katze mag aber nicht fressen, während du mit vielen Töpfen in der Küche hantierst. Sie möchte ihre Ruhe haben. Verlege daher den Futterplatz an einen Ort, wo deine Fellnase seine Mahlzeit genießen kann. Du solltest deine Katze auch niemals während dem Essen von ihrem Futterplatz wegheben. Ist dein Stubentiger während des Essens gestresst, wirkt sich dies negativ auf die Verdauung aus. Deine Fellnase könnte öfter erbrechen oder Durchfall bekommen. Steht deine Katze ständig unter Stress, kannst du das wie folgt merken: Sie schlingt ihre Mahlzeiten ohne zu Kauen hinunter; das Ergebnis ist dann meistens das Erbrechen deiner Mieze. Dies führt zu Magenschmerzen und in weiterer Folge zu einer Magenentzündung. Gönne deiner Katze die Ruhe, die sie zum Fressen braucht, denn auch du möchtest in Ruhe essen und deine Mahlzeiten genießen können.

6.8 Das Näschen in Urin eintauchen

Die ist eine Erziehungsmaßnahme, die gerade bei jungen Katzen gerne angewendet wird. Jedoch ist diese Maßnahme sehr veraltet. Heutzutage weiß man, wie empfindlich die Geruchszellen der Katze sind. Stubentiger haben ein sehr feines Näschen, das schnell angegriffen werden kann. Hat deine Katze ins Zimmer uriniert, solltest du sie aus diesem Grund niemals in den Urin tauchen.

Der Katzenurin weist einen sehr intensiven Geruch auf. Tauchst du das feine Näschen in den Urin, zerstörst du viele Geruchszellen. Die Katze wird den Gestank auch nicht mehr so schnell los. Die intensiven Geruchspartikel bleiben lange an der

Nase deines Lieblings haften und können so immer mehr Geruchszellen zerstören. Leider ist diese Erziehungsmaßnahme auch heute noch weit verbreitet. Doch niemand würde ein Kind in die eigenen Exkremente eintauchen, nur um es sauber zu bekommen. Denke daran, dass dein Stubentiger ebenso ein fühlendes Wesen ist, das es nicht verdient hat, so behandelt zu werden. Uriniert deine Katze mal in die Wohnung, solltest du der Ursache für dieses Verhalten auf den Grund gehen. Deine Katze macht dies nicht ohne triftigen Grund. Sie könnte eifersüchtig auf ein Familienmitglied sein oder fühlt sich einfach nur alleine gelassen. Zu wenige Streicheleinheiten könnten ebenfalls ein Grund sein, warum dein Stubentiger das Katzenklo nicht mehr verwendet. Bei plötzlicher Stubenunreinheit können auch Krankheiten, die sich in Form von Inkontinenz äußern, die Verantwortung tragen.

6.9 Mit der Katze schimpfen

Mit deiner Katze zu schimpfen ist ebenfalls eine nahezu alltägliche Erziehungsmaßnahme, die viele Menschen immer noch in Erwägung ziehen. Hierbei muss darauf geachtet werden, wie mit der Fellnase geschimpft wird. Gewalt, in Form eines Klapses auf den Po, ist zum Beispiel ein absolutes No-Go. Auch lautes Schreien sollte nicht als Erziehungsmaßnahe in Erwägung gezogen werden.

Du wirst dich nun fragen, wie du deine Katze ohne Bestrafungen erziehen solltest. Dies ist berechtigt, denn hier muss ich klar sagen, dass eine Erziehung ohne Bestrafungen durchaus möglich ist. Statt der Bestrafungen kannst du es in Zukunft mit dem Tadeln versuchen. Das Tadeln ist sozusagen eine Ermahnung an die Mieze und geschieht immer mit ruhiger Stimme, Dominanz und zugleich ohne Gewalt. Legt deine Katze beispielsweise ein Verhalten an den Tag, das du für nicht angemessen hältst, solltest du ein klares, lautes NEIN sagen. Achte darauf, dass du jedes Mal die gleiche Tonlage einnimmst. Hüpft deine Fellnase auf den Tisch und du möchtest dies nicht, so hebst du sie vom Tisch und sagst NEIN. Deine Katze wird dieses NEIN sehr schnell damit in Bezug bringen, dass sie etwas falsch gemacht hat. Bettelt deine Samtpfote am Tisch und du sagst wieder ein klares NEIN, in der gleichen Tonlage, wird deine Katze sehr schnell verstehen, dass du dieses Verhalten nicht duldest. Klare Worte zu sprechen und der Katze zu zeigen was sie falsch gemacht hat, ist der einzig richtige Weg, um deine kleine Katze gut zu erziehen.

6.10 Die Katze hochheben

Viele Katzenbesitzer finden ihre Tiere unheimlich süß und möchten mit ihnen gerne immer wieder kuscheln und sie streicheln. Sie heben das Tier hoch, wann und wie es ihnen passt. Die Katze mag dies aber nicht besonders gerne, wenn sie keinen Boden unter den Füßen hat. Ergibt sich die Situation, dass du deine Fellnase hochheben musst, achte darauf, dass sich immer alle vier Pfoten so auf deinem Arm oder an deinem Oberkörper befinden und dass keine Tatze in der Luft hängt. Für deine Samtpfote ist es sehr wichtig, immer etwas Festes unter ihren Füßen zu spüren. Grundsätzlich solltest du deinen Stubentiger aber nicht allzu oft hochheben. Katzen kommen lieber zu dir aufs Sofa, wenn sie das Bedürfnis danach haben. Dann sind auch ausgiebige Kuscheleinheiten kein Problem und ihr werdet diese genießen können. Hebst du deine Katze ständig hoch, wird sie sich dies merken und sich nicht mehr in deine Nähe begeben, da sie Angst hat, wieder von dir hochgehoben zu werden.

Außerdem mögen es die Katzen nicht sehr gerne, wenn sie fest an deinen Körper gedrückt werden. Kinder wissen es oft nicht besser und wollen nicht, dass das kleine Tier flüchten kann. Daher wird der Stubentiger festgehalten. Dieses Verhalten ist schlichtweg falsch. Wenn du deine Katze hochhebst und merkst, dass er sich nicht wohlfühlt, solltest du ihn sofort wieder runterlassen. Ansonsten können die Krallen zum Einsatz kommen und du könntest den einen oder anderen Kratzer davontragen.

7. Wann du bei der Katzenerziehung auf taube Ohren stößt

Wie du bereits weißt, ist es nicht ganz so einfach deine Katze zu erziehen. Doch mit ein wenig Geduld und etwas Übung wirst auch du die Katzenerziehung gut meistern. Es gibt jedoch Situationen, in denen du bei deiner Katze auf taube Ohren stößt. In diesem Kapitel möchte ich dir diese Situationen zeigen. Natürlich wirst du auch Ratschläge bekommen, wie du diese Situationen meistern kannst.

7.1 Inkonsequenz

Wie du bereits im Kapitel der häufigsten Fehler lesen konntest, ist Inkonsequenz ein sehr häufiges Problem in der Katzenerziehung. Was vorher aber nur ein Problem war, ist jetzt bereits an der Tagesordnung und deine Katze hat sich an dein Verhalten gewöhnt. Ihr dies wieder abzugewöhnen wird sehr schwierig. Hat deine Samtpfote erst mal bemerkt, dass du nicht konsequent in der Erziehung bist, wird sie dies sehr schnell zu ihrem Vorteil nutzen. Sie nervt dich einfach so lange, bis du nachgibst. Du hast nun aber das Problem, dass sie gar nicht mehr auf dich reagiert. Sie hat keine Lust mehr, sich auf dich einzulassen, denn du gibst ihre keine klare Struktur und Regeln. Um dies wieder in den Griff zu bekommen, musst du ganz besonders konsequent sein. Ab nun gibt es keinerlei Ausnahmen mehr. Wenn du eine Grenze ziehst, müssen diese auch so erhalten bleiben. Hat deine Katze nichts am Tisch verloren, so muss dies auch so bleiben. Darf deine Samtpfote nicht vom Tisch gefüttert werden, so muss sich jeder an diese Regeln halten. Bekommt das Tier wieder etwas Essbares vom Tisch, wird sie nie lernen, dass sie das eigentlich gar nicht darf. Inkonsequenz kann deine ganze Erziehung zunichtemachen.

7.2 Ignoranz

Ignoranz ist eine sehr häufige Form der Bestrafung, die nicht nur bei Katzen, sondern auch bei Kindern, angewendet wird. Damit ist gemeint, dass du deine Katze ignorierst, wenn sie etwas von dir möchte. Deine Katze hat etwas getan, das du nicht dulden möchtest. Du hebst sie hoch und sperrst sie aus dem Raum. Nach einer Zeit öffnest du die Tür wieder und ignorierst deinen Liebling. Er oder sie kommt zu dir und schmiegt sich an dein Bein, aber du zeigst keine Reaktion. Auch auf das Miauen reagierst du nicht. Wenn du später auf dem Sofa sitzt, kommt deine Samtpfote und möchte sich neben dich legen, um die Kuscheleinheiten zu genießen. Doch du ignorierst sie weiterhin. Dieses Verhalten ist total falsch und wirkt sich kontraproduktiv auf eure Beziehung aus.

Deine Katze wird sich dieses Verhalten von dir abschauen und auch dich früher oder später ignorieren. Zwar funktioniert diese Erziehungsmethode, aber für deine Mieze kann dies verheerende Folgen haben. Liebesentzug oder gar Futterentzug, aufgrund von Ignoranz fügt deiner Katze psychisches Leid hinzu. Dies hat in der Katzenerziehung genauso wenig verloren, wie körperliche Gewalt. Solltest du den Fehler der Ignoranz machen, kannst du diesen auch nicht mehr gutmachen. Daher solltest du erst gar nicht damit anfangen.

7.3 Zu wenig Belohnung

Belohnung ist das A und O der Erziehung. Hat deine Katze etwas gut gemacht, sollte sie ausgiebig belohnt werden. Dies muss nicht immer in Form von einem Leckerli sein. Auch Streicheleinheiten und verbaler Zuspruch können eine Art der Belohnung sein. Möchtest du deiner Katze ein neues Kunststück beibringen und sie arbeitet motiviert mit, solltest du dies auch zu schätzen wissen. Ganz wichtig ist, dass du das deiner Samtpfote auch zeigst. Bekommt sie stets Belohnungen für gutes Verhalten, wird sie weiterhin motiviert mitarbeiten und du wirst lange Freude haben. Hast du bisher ohne Belohnungen gearbeitet, ist das vielleicht die Lösung darauf, warum du nicht an dein Ziel kommst. Wenn du arbeiten gehst, möchtest du auch dafür bezahlt werden. Du bringst bestimmt auch nicht gerne eine Leistung, wenn du keine Anerkennung dafür bekommst.

Genauso verhält es sich auch bei deiner Katze. Achte aber darauf, dass du es mit den Leckerlis nicht übertreibst, denn somit kann es passieren, dass sie das Leckerli irgendwann nicht mehr schätzt. Es kann auch passieren, dass sie nur noch mitarbeiten wird, wenn du sie ständig fütterst und das sollte auch nicht das Ziel sein. Das Leckerli sollte also nicht immer im Vordergrund stehen. Finde einen guten Mittelweg und lobe deine Fellnase auch mal auf andere Art und Weise. Du solltest auch darauf achten, dass es sich um gesunde Leckerlis handelt. Gesunde Leckerlis sind meistens ohne Zucker und Getreide hergestellt.

7.4 Zu viel Schimpfen

Auch das Schimpfen ist immer wieder ein Thema in der Katzenerziehung. Du hast das bestimmt auch schon bemerkt, da ich das Schimpfen an mehreren Stellen aufgegriffen habe. Es ist sehr wichtig, dass du deiner Katze Grenzen aufzeigst. Immer wieder verwende ich das Beispiel mit dem Tisch, da dies für die Katzenbesitzer am einfachsten zu verstehen ist.

Deine Katze hüpft immer wieder auf den Esstisch, aber du möchtest dies nicht. Natürlich solltest du sie in diesem Moment vom Tisch heben und ein klares Nein sagen. Wird deine Katze jedoch zu oft ausgeschimpft, könnte sich schnell Unverständnis einschleichen. Deine Katze wird verunsichert sein und nicht mehr wissen, wie er oder sie sich verhalten soll. Daher solltest du nur dann mit deiner Samtpfote schimpfen, wenn es wirklich notwendig ist. Handelt es sich nur um Kleinigkeiten, die dir nicht passen, solltest du nicht ständig Tadel austeilen. Ganz wichtig ist dieses Verhalten während des Trainings. Macht deine Katze nicht alles richtig, ist das kein Problem. Es muss nicht jedes Mal geschimpft werden. Du kommst besser ans Ziel, wenn du die kleinen Fortschritte als gut empfindest und deiner Katze dies auch zeigst. Übe immer wieder die gleichen Tricks mit deiner Fellnase. Früher oder später wird jeder Trick auf Knopfdruck funktionieren, wenn du dir und deinem Tier genug Zeit gibst.

7.5 Perfektionismus

Viele Katzenbesitzer beginnen das Training und erhoffen sich sofort einen Erfolg. Natürlich muss jeder Trick sofort perfekt ausgeführt werden. Fehler sind nicht erlaubt, denn du möchtest, dass deine Katze all deine Übungen exzellent ausführt. Diese

Einstellung wird dazu führen, dass deine Katze ihre Übungen nie gut genug ausführen wird und sich Frustration auf beiden Seiten ausbreitet. Du wirst frustriert i und genervt sein, weil du möchtest, dass deine Katze alles perfekt macht. Dein kleiner Liebling wird keinen Spaß mehr haben, weil er dir sowieso nicht alles recht machen kann. Entsprechend wenig Lob und Zuneigung wird dein Tier von dir erhalten.

Die Einstellung des Perfektionismus solltest du schnell ablegen. Deine Samtpfote ist ein Tier und keine Maschine. Eine Katze wird ihr Bestes geben, um dir alles recht zu machen und dein Training gut auszuführen. Auch wenn nicht alles glattläuft und deine Katze nicht alle Anforderungen perfekt ausführt, wirst du eine tolle Zeit mit deiner Katze während der Erziehung erleben. Ihr werdet viele tolle Tricks lernen, die deine Samtpfote immer besser beherrscht. Je mehr Übungen, desto bessere Beherrschung – das ist die Regel. Lass deine Katze Fehler machen und zeig ihr immer wieder, dass du es zu schätzen weißt, wie sehr sie sich bemüht.

7.6 Unterschiedliche Erziehungspersonen

In der Katzenerziehung gilt das gleiche Prinzip, wie auch bei der Kindererziehung. Die Erziehung sollte auch wenige Personen beschränkt sein. Das Sprichwort „zu viele Köche verderben den Brei“ ist auch hier richtig. Hat deine Katze zu viele Bezugs- und Erziehungspersonen, die mit ihr trainieren und sie erziehen, wird das deine Katze verwirren und sie wird nicht mehr in der Lage sein, aktiv mitarbeiten zu können. Das liegt daran, dass jeder Mensch andere Erziehungsmaßnahmen ergreift. Du kannst deine Fellnase sehr gut mit deiner Stimme erziehen, allerdings wird sie eben nur deine Stimme kennen und anhand der Tonlage wissen, was du von ihr möchtest. Sind aber mehrere Personen anwesend, die deine Katze erziehen, kann deine Samtpfote sich nicht mehr an deiner Stimme orientieren. Auch die Art des „Tadelns“ sind oft andere. Männer wirken generell „böser“ auf eine Katze, denn Männer haben von Grund auf eine weitaus tiefere Stimme, als Frauen. Daher kommen Männer oft besser mit der Erziehung zurecht. Schimpft ein Mann mit einem Stubentiger, wird dieser garantiert besser hören, als wenn eine Frau das gleiche sagt. Generell solltet ihr euch einigen, wer die Katze erziehen soll, wenn ihr verschiedene Ansichten habt. Es gibt auch die Möglichkeiten, dass ihr euch absprecht und ergänzt, wenn es zum Thema „Katzenerziehung“ kommt.

7.7 Unterschiedliche Erziehungsmaßnahmen

Wie du gerade lesen konntest, wird es deine Fellnase sehr verwirren, wenn sie mehrere Bezugspersonen hat. Ähnlich verhält es sich, wenn dein kleiner Liebling mit vielen Erziehungsmaßnahmen konfrontiert wird. Damit ist gemeint, dass du beispielsweise ein klares Nein sagst und dies so meinst. Dieses Nein sollte immer dann verwendet werden, wenn dein Stubentiger etwas macht, dass er nicht machen sollte. Du solltest immer konsequent bei diesem Nein bleiben. Läuft deine Katze beispielsweise auf dem Tisch, kannst du ihr mit einem klaren Nein signalisieren, dass sie vom Tisch gehen soll. Machst du das tagelang mit Erfolg und einmal vergisst du es, kann es dazukommen, dass deine Katze genau dieses eine Mal ausnutzt und alle bisherigen Erfolge gemindert werden.

Möchtest du mit deiner Katze das Clickertraining machen und bist schon fleißig am Üben, solltest du dies auch weiterhin in der gleichen Art und Weise machen. Hat deine Samtpfote bisher immer ein Leckerli bekommen, wenn sie brav mitgearbeitet hat, solltest du auch jetzt nicht damit aufhören. Änderst du deine Maßnahmen, wird deine Samtpfote sehr verwirrt sein und die Erziehung kann nicht mehr gutgehen. Bleibe bei wenigen Erziehungsmaßnahmen, führe diese aber konsequent aus und gib deiner Katze so die nötige Stabilität, die sie braucht.

7.8 Die hungrige Katze

Mit einer hungrigen Katze zu arbeiten, hat absolut keinen Sinn. Deine Katze wird ständig an ihr Futter denken und dir dein Leckerli wörtlich aus der Hand reißen. Um mit dem Training zu beginnen, sollte deine Katze ausgeschlafen und satt sein. Hierfür ist es sinnvoll, dass du jeden Tag zur gleichen Zeit mit deinem Stubentiger trainierst. Achte grundsätzlich darauf, deine Katze stets zur gleichen Tageszeit zu füttern. So bekommt deine Katze ein besseres Zeitgefühl und geordnete Rituale. Fütterst du deine Samtpfote beispielsweise immer um 18 Uhr, könntest du um 19 Uhr eine Trainingseinheit planen. Deine Katze hat auf diese Weise genügend Zeit, das Futter zu verdauen und etwas zu entspannen. Anschließend wird sie motiviert mit dir mitarbeiten und ihr werdet schneller und leichter an euer Ziel kommen.

Nun hast du einige Gründe kennengelernt, die für taube Ohren bei deiner Mieze sorgen können. Es ist nicht immer leicht, sich an diese Anleitung zu halten und es gibt keinen Menschen, der immer alles richtig macht. Es ist vollkommen normal, dass auch du mal Fehler machst und dich nicht richtig verhältst. Verzeih dir deine Fehler, denn auch deine Katze wird dir diese verzeihen. Achte jedoch stets auf die nötige Konsequenz, sodass ihr beide gut zusammenarbeiten könnt und erfolgreich an euer Ziel kommt.

8. Wie du deine Katze an das neue Zuhause gewöhnst

Du hast deine Entscheidung getroffen, dir ein Haustier anzuschaffen. Ein Kätzchen soll es werden, dem du ein neues Zuhause schenken willst. Du hast dich für ein Tier entschieden und richtest zu Hause alles her. Ein Katzenklo, einen Futternapf und eine Wasserschüssel sind schon gekauft. Auch Kuscheldecken und Spielzeuge hast du bereits erworben. Nun ist es an der Zeit, dass deine kleine Fellnase bei dir einzieht. Nicht nur du, sondern auch deine Familie ist ganz aufgeregt, denn heute kommt der neue Mitbewohner und alle warten schon gespannt auf ihn. Doch es gibt einiges zu beachten, was du nicht aus den Augen verlieren solltest. In diesem Kapitel erfährst du, wie du deinen kleinen Schatz an sein neues Zuhause gewöhnen kannst. Hier sollte nochmal angemerkt werden, dass es sinnvoller ist, zwei Tieren ein neues Heim zu bieten. Auch wenn oft in der Einzahl geschrieben wird, solltest du immer im Hinterkopf haben, dass zwei Tiere die bessere Wahl sind.

8.1 Zeit lassen

Dieser Punkt ist das A und O beim Ankommen im neuen Zuhause. Du hast deine Kätzchen oder dein Kätzchen abgeholt und bist gut daheim angekommen. Deine Katze ist noch in seiner Transportbox. Begib dich in einen Raum und schließe die Tür. Jetzt kannst du die Transportbox öffnen und dein Kätzchen herauslassen. Dein Tier sollte die Box von alleine verlassen und nicht herausgehoben werden. Deine kleine Fellnase wird den Raum langsam erkunden und du solltest ihn dabei in Ruhe lassen. Die Mieze braucht Zeit, um sich an das neue Zuhause zu gewöhnen. Es ist sehr wichtig, dass du deinem Kätzchen diese Zeit auch gibst. Wie lange das ist, kann pauschal nicht beantwortet werden. Das hängt vom Charakter deines Tieres ab. Manche Katzen sind sehr aktiv und laufen neugierig aus ihrer Box. Sie springen über die Möbelstücke und erkunden sehr schnell die Räume. Andere Samtpfoten wiederum müssen erstmal langsam ankommen und die Trennung der Mutter und des alten Zuhauses verarbeiten. Sie bleiben erstmal in der Transportbox und trauen sich nur sehr langsam aus dieser heraus. Langsam und geduckt schleichen sie durch den Raum. Sie erschrecken bei jedem Geräusch und verkriechen sich schnell wieder. Daher ist auch die Ruhe für das Entdecken des Zuhauses sehr wichtig. Lass deiner Katze bzw. deinen Katzen die nötige Zeit, die sie brauchen und bedränge sie nicht mit Kuscheleinheiten.

8.2 Andere Tiere und Kinder fernhalten

Beim Ankommen im neuen Zuhause ist es sehr wichtig, dass dein neuer Mitbewohner erstmal alleine die Zimmer erkunden kann. Vor allem die ersten Stunden sind hier von enormer Bedeutung. Hast du einen Hund oder andere Haustiere, sollten diese aus den Zimmern bzw. der Wohnung fernbleiben, um deinem Kätzchen die nötige Ruhe zu geben. Du könntest deinen Hund in einen anderen Raum verlegen oder einen ausgiebigen Spaziergang machen. So hat deine Katze garantiert genug Zeit, um das neue Zuhause alleine zu erkunden. Achte bei mehreren Tieren darauf, dass du keines vernachlässigst, sonst kann es zu Machtkämpfen und Eifersucht kommen.

Auch kleine Kinder sind oft Stress für Katzen. Kinder verstehen nicht, dass sie die Katze in Ruhe lassen sollen, da diese erst ankommen muss. Kinder finden das Kätzchen süß, wollen es streicheln und auf den Arm nehmen. Dies ist aber nicht förderlich beim Eingewöhnen. Daher solltest du mit deinem Kind den Raum verlassen oder du lässt deine Engelchen eine Nacht bei Oma schlafen. Das freut nicht nur die Kinder, sondern auch das Kätzchen. Viele Samtpfoten verkriechen sich erstmal unter den Möbeln und erkunden erst nachts die Wohnung. Das liegt daran, dass sie erst dann absolute Ruhe haben. Du solltest das Bedürfnis nach Ruhe respektieren, damit du später viel Freude mit deinem neuen Haustier hast.

8.3 Katze langsam an das Zuhause gewöhnen

Wie bereits erwähnt ist es sehr wichtig, dass deine Katze langsam an das neue Zuhause gewöhnt wird. Zuerst wird deine Samtpfote nur in einem Raum bleiben und diesen erstmal erkunden. Gib ihm die Zeit, die er braucht. Hast du das Gefühl, dass dein Stubentiger bereits sicherer geworden ist und sich wohlfühlt, kannst du die Türe des Raums öffnen und einen weiteren Raum zum Erkunden bereitstellen. So gehst du Schritt für Schritt voran und zeigst deiner kleinen Fellnase einen Raum nach dem anderen. Dies kann ein paar Stunden, aber auch einige Tage dauern. Hast du zwei Kätzchen nach Hause geholt, wird das Erkunden der Wohnung schneller abgeschlossen sein. Zwei Tiere fühlen sich stärker und sicherer und trauen sich schneller auch in andere Räume zu laufen. Wichtig ist, dass deine Katze, egal ob eine oder zwei, das Tempo der Eingewöhnung bestimmt. Benötigt deine Katze einen ganzen Tag für einen Raum, so lass ihr auch die benötigte Zeit. Räume, die viele

Versteckmöglichkeiten zu bieten haben, werden meist schneller erkundet, da die Katze sich hier sicherer fühlt und immer wieder schnell in ihr Versteck verschwinden kann.

8.4 Wenige Versteckmöglichkeiten

Dein Kätzchen ist bereit, den ersten Raum des neuen Zuhauses zu erkunden. Du solltest darauf achten, dass in diesem Zimmer nicht zu viele Versteckmöglichkeiten gegeben sind. Der Sinn dahinter ist, dass deine Katze sich sehr schnell verkriechen würde und nicht mehr aus ihrem Versteck hervorkommt. Es wäre zwar in Ordnung, wenn deine Katze sich so verhält, jedoch würde sie auf diese Weise sehr lange brauchen, um sich an das neue Zuhause zu gewöhnen. Für den ersten Eindruck kann es sinnvoll sein einen offenen Raum zu nutzen, in dem sich wenige Möbel befinden. Beispielsweise eignet sich ein Vorraum sehr gut dafür. Deine Samtpfote hat so nur wenige neue Eindrücke zu verarbeiten und du gibst ihr die entsprechende Sicherheit.

8.5 Katzenklo bereitstellen

Das Katzenklo sollte bereits aufgestellt sein, bevor dein neuer Mitbewohner bei dir einzieht. Überlege genau, wohin du das Katzenklo stellen willst. Deine Katze braucht unbedingt Ruhe, um das Geschäft zu verrichten. Daher sollte das Katzenklo nicht unbedingt in einem Raum stehen, wo ständig Menschen zugange sind. Außerdem solltest du beachten, dass das Katzenklo auch mal riechen kann. Der Flur ist daher nicht unbedingt geeignet, da es dort meist keine Fenster gibt und das Lüften schwierig wird. Ein geeigneter Platz wäre das WC oder das Bad. Diese Räume werden nicht ständig von den Bewohnern der Wohnung benutzt und die Katze kann ihr Geschäft somit in Ruhe verrichten. Auch der Geruch ist in diesen Räumen meist kein Problem.

Ganz egal, wo du dein Katzenklo aufstellst, achte darauf, den Platz nicht zu verändern, wenn deine Katze sein Klo kennengelernt hat. Du verwirrst deine Samtpfote, wenn du den Standort des Katzenklos wechselst und im schlimmsten Fall wird die Katze (wieder) unrein. Stelle das Katzenklo auf, bevor du deine kleine Samtpfote abholst und zeige ihr recht bald, wo sie zukünftig ihr Geschäft verrichten soll. Anfangs kann es vorkommen, dass deine Katze unrein ist und auch mal ein kleines Malheur im Schlaf- oder Wohnzimmer passiert. Schimpfe nicht mit ihr, sondern setze sie immer wieder in das Katzenklo. Schon bald wird deine Mieze verstehen, was du von ihm möchtest und somit werden auch die Unfälle immer weniger werden.

8.6 Futter und Leckerli bereitstellen

Mit dem Futter und Wasser verhält es sich ähnlich, wie mit dem Katzenklo. Besorge geeignetes Futter für deine Katze und informiere dich vorab bei den Verkäufern, welches Futter die Katze dort erhalten hat. Anfangs kann es von Vorteil sein, dasselbe Futter zu kaufen. Die Katze bekommt so ein Stückchen Heimat mit in ihr neues Zuhause. Außerdem kannst du feststellen, wann deine Katze das erste Mal frisst und du kannst sicher sein, dass ihr das bereitgestellte Futter schmeckt. Kaufst du ein anderes Futter und deine Katze frisst die ersten Tage gar nicht, kannst du nicht sagen, ob es am Futter oder am neuen Zuhause gelegen hat. Ausreichend Wasser sollte ebenfalls stets bereitstehen. In der Natur trinkt eine Katze niemals dort, wo sie frisst. Verfügst du über ausreichend Platz in deiner Wohnung, kannst du den Futter- und Wasserplatz strickt trennen. Deine Katze wird aber auch aus dem Wassernapf trinken, wenn dieser neben dem Futter steht, denn Katzen gewöhnen sich sehr schnell an neue Situationen und Regeln. Möchtest du bereits jetzt mit der Erziehung deiner Katze beginnen, solltest du schon vorab unterschiedliche Leckerli zu Hause haben. Du wirst sehr schnell den Geschmack deines Lieblings kennenlernen. Behalte dir aber immer vor Augen, dass du deiner Katze ausreichend Zeit zum Einleben gibst, ehe du mit der konsequenten Erziehung beginnst. Die optimale Eine Dauer hierfür wäre zwischen 10 und 14 Tagen.

8.7 Mit der Katze spielen

Hat sich deine Katze bereits ein wenig an ihr neues Zuhause gewöhnt, wird es an der Zeit ihr Vertrauen zu gewinnen. Dies schaffst du am besten, indem du mit ihr spielst. Katzen sind von Natur aus sehr verspielte Wesen, die auch gerne mal ihre Beute jagen. Dieses Verhalten legen sie nie ab. Zwar wird deine Katze ruhiger, wenn er oder sie älter wird, aber mit dem Spielen wird deine Samtpfote nie ganz aufhören. Du hast nun dein Kätzchen zu Hause und sie hat bereits die gesamte Wohnung erkundet. Sie frisst bereits aus ihrem Fressnapf und geht brav aufs Katzenklo. Nun steht das Spielen und Kuscheln auf dem Plan. Du kannst handelsübliches Katzenspielzeug, aber auch einfache Dinge aus dem Haushalt benutzen, um mit deiner Samtpfote zu spielen. Viele Menschen lieben es die Hände für das Spielen mit der Katze zu benutzen. Sie lassen das Tier die eigene Hand fangen und stellen so die Jagd nach. Dies ist nicht sonderlich klug, denn es ist nur so lange witzig, wie die Katze jung ist. Eine ausgewachsene Katze kann dich mit ihren scharfen Krallen sehr verletzen, obwohl sie das letztendlich gar nicht böse meint. Der Katze dies aber wieder abzugewöhnen ist sehr schwer, denn sie wird deine Hand immer wieder als Beute sehen.

8.8 Kuscheln ist die beste Medizin

Katzen lieben es zu kuscheln. Sind sie noch bei der Mutter, kuscheln sie sehr oft am Tag. Auch mit den Geschwistern liegen sie gerne bei Mama und kuscheln sich alle aneinander. Dieses Bedürfnis wird umso größer, wenn das Kätzchen von seiner Mama getrennt wird. Jetzt liegt es an dir, dieses Bedürfnis zu stillen. Ist deine Katze bei dir zu Hause eingezogen und hat so ziemlich alle Räume erkundet, kannst du anfangen mit deinem Kätzchen kuscheln. Kommt es schon eher auf dich zu, solltest du dir diese Gelegenheit natürlich nicht entgehen lassen. Auf diese Weise kann dein Kätzchen einen Bezug und Vertrauen zu dir aufbauen. Das Vertrauen ist sehr wichtig, denn dein neuer Mitbewohner soll sich bei dir wohlfühlen. Dies ist nur dann möglich, wenn dir die Samtpfote voll vertraut. Lass deinen kleinen Liebling auf deinem Bauch liegen und decke ihn zu. Du kannst die Katze auch die ersten Tage in eine Decke einwickeln und an dich kuscheln. So spürt sie die Wärme und Liebe und kann sich langsam, aber sicher an das neue Zuhause gewöhnen und auch dort einleben.

8.9 Ein Stofftier bereitstellen

Katzen kuscheln nicht nur mit Menschen sehr gerne. Sie lieben es auch, wenn ihnen ein kleiner Freund – in Form eines Stofftieres – bereitgestellt wird.

Ist deine Mieze das erste Mal von der Mutter getrennt, kann das zu Unsicherheit und Angst führen. Um ihr diese Erfahrung etwas einfacher zu machen, kannst du ein Kuscheltier bereitstellen, das als Mama-Ersatz herhalten kann. Ein Kätzchen braucht oft einige Zeit, um ohne Mama klarzukommen. Tagsüber kann das recht einfach sein, denn der Tag ist furchtbar aufregend. Da wird gespielt und gefressen und es gibt so vieles zu erleben. Doch nachts vermissen kleine Katzen ihre Mama oft sehr. Jetzt ist es wichtig, einen Ersatz zu haben und das kuschelige Fell von Mama zu spüren. Ein großer Teddybär eignet sich besonders gut, um dieses Gefühl zu vermitteln. Deine Katze kann sich zwischen die Beine des Teddybären legen und wird so von allen Seiten vom Fell berührt. So kuschelt es sich am besten und der Abschied von Mama fällt nicht ganz so schwer. Katzen werden übrigens ihr Leben lang gerne neben dem Stofftier liegen und kuscheln, wenn du ihnen dies von klein auf ermöglichst.

8.10 Ruhiger Zuspruch

Es kann vorkommen, dass dein Kätzchen sehr traurig ist und der Abschied von Mama fast unerträglich erscheint. Du kuschelst mit deiner Katze und auch das Stofftier kann dein Kätzchen nicht vollkommen zufriedenstellen. Nimm deine Samtpfote auf den Schoss und warte, bis sie es sich bequem gemacht hat. Streichle immer wieder über das Fell deines Lieblings und sprich mit ruhiger Stimme. Deine Fellnase wird sich recht bald an deine

Stimme gewöhnen. Mit dem Streicheln und Reden vermittelst du deiner Katze ein gutes Gefühl und sie bringt deine Stimme immer mit guten Erfahrungen in Verbindung. Wichtig hierbei ist, dass immer der gleiche Mensch mit der Katze spricht. Katzen sind sehr auditive Wesen, die sich schnell an unterschiedliche Stimmen gewöhnen. Zu Beginn jedoch sollte die kleine Samtpfote erstmal eine Stimme hören, bei der sie sich wohlfühlt. Dein Schatz wird sich dieses Verhalten ein Leben lang merken und immer, wenn er Angst oder Unsicherheit verspürt, wird er sich durch deine Stimme beruhigen lassen. Das kann von Vorteil sein, wenn zum Beispiel der Gang zum Tierarzt notwendig wird. Auch, wenn Kinder erstmals zu Besuch kommen oder deine Katze die erste Begegnung mit einem Hund macht, kann die vertraute Stimme beruhigen. Deine Stimme kann der sichere Hafen für deine Mieze sein und deine Katze weiß somit immer, dass sie bei dir in Sicherheit ist.

8.11 Probleme beim Eingewöhnen

Auch, wenn du dich noch so bemühst, kann es zu Problemen beim Eingewöhnen deines neuen Mitbewohners kommen. Lass dich davon nicht verunsichern, denn es kommt häufiger zu Problemen, als die meisten Menschen denken. Ich möchte dir hier erklären zu welchen Problemen es kommen kann und wie du ihnen entgegenwirken, beziehungsweise diese lösen kannst.

8.11.1 Katze versteckt sich

„Die Katze versteckt sich“: das ist eines der häufigsten Probleme, die es in dieser Phase gibt. Es ist anfangs vollkommen normal, dass deine Katze sich verstecken wird, wenn sie ihr neues Zuhause erkunden möchte. Vor allem tagsüber könnte es vorkommen, dass du deine Katze stundenlang nicht zu Gesicht bekommst. Kätzchen fühlen sich nachts einfach wohler und sicherer und erkunden dann ihr neues Zuhause. Sollte es jedoch dazu kommen, dass sich dein neuer Mitbewohner auch nach einer Woche noch immer verkriecht, könnte ein anderes Problem dahinterstecken.

Ein häufiges Problem hinter diesem Verhalten ist die prägende Zeit in den ersten Lebenswochen des Tieres. Ist deine Samtpfote schon im Tierheim auf die Welt gekommen, kann es sein, dass deine Katze es von Anfang an nicht leicht hatte. Gerade in Tierheimen fehlt dem Personal meist die Zeit mit den Tieren zu kuscheln und ihnen genügend liebevolle Zeit zur Verfügung zu stellen.

❖ **Problemlösung:**

Du musst deiner Katze Zeit geben. Dies ist das A und O, um dein Kätzchen zahm werden zu lassen. Zeig deiner Katze immer wieder, dass du ihn nichts tust. Füttere deine Katze oft von der Hand, aber bedränge sie nicht, wenn sie sich verkriecht. Sie zum Beispiel aus dem Versteck zu holen, hat den gegenteiligen Effekt. Du vermittelst deiner Katze nämlich, dass das Verstecken sinnlos ist, denn auch hier wird sie keine Ruhe haben. Möchte deine Katze nicht aus dem Versteck kommen, versuche sie mit einem Leckerli zu locken und streichle sie nur dann, wenn sie es auch möchte. Mit der Zeit wird deine Katze merken, dass es keinen Grund für Angst gibt und das Problem wird sich schnell von alleine erledigt haben.

8.11.2 Katze lässt sich nicht anfassen

Katzen lassen sich oft nicht anfassen. Das ist gar keine Seltenheit. Auch hier kann es vorkommen, dass sie früher schlechte Erfahrungen gemacht hat. Doch nicht immer ist es Gewalt, die damit gemeint ist. Es könnte sein, dass deine Katze es einfach nicht kennt, angefasst zu werden. Vor allem Katzen, die auf dem Bauernhof auf die Welt kommen oder die ersten Wochen im Tierheim verbringen, sind es nicht gewohnt, gestreichelt zu werden. Oft werden Katzen erst im trächtigen Zustand gefunden und von der Straße geholt. Hat die Mutter bereits schlechte Erfahrungen gemacht, wird auch deine kleine Katze es nicht anders kennen. Die Katzenmutter lehrt ihren Jungen, dass der Mensch böse ist. Sie wird ihre Kleinen vor der menschlichen Hand beschützen. Kätzchen lernen sehr viel von ihrer Mutter und schauen sich ihr Verhalten ab.

- **Problemlösung:**

Hier gibt es nur eine Lösung: Geduld. Deine Katze wird bald merken, dass du ihr nichts tun möchtest. Füttere sie regelmäßig und lass sie in Ruhe. Merkt deine Katze, dass du nur Gutes für sie möchtest, wird sie sich schon mal an dich schmiegen. Deine Katze wird sich an deine Beine schmiegen und dir so ihre Zuneigung zeigen. Du kannst immer wieder versuchen, deine Katze anzufassen. Sie wird zwar oft flüchten oder sich ducken, aber irgendwann wird sie merken, dass deine Hand nichts ist, wovor sie sich fürchten muss. Nun wird sich deine Katze von dir anfassen lassen und sie wird von Tag zu Tag zutraulicher werden. Gib ihr nur stets die benötigte Zeit, um sich an das neue Gefühl zu gewöhnen.

8.11.3 Katze frisst nicht

Wenn deine Katze nicht frisst, kann das mehrere Ursachen haben. Hierfür ist es wichtig zu wissen, wie dein Kätzchen die ersten Lebenswochen verbracht hat. Es könnte sein, dass ihm das Futter einfach nicht schmeckt. Die Katze ist ein anderes Futter gewöhnt und sie kommt mit deinem neuen Geschmack nicht zurecht. Es könnte auch sein, dass dein Kätzchen nichts frisst, weil es einfach Stress hat. Dieser Stress kann wiederum viele Ursachen haben. Hat dein Liebling mit seiner Mama draußen gelebt und plötzlich soll er eine Hauskatze werden? Es könnte auch sein, dass dein Kätzchen seine Mama und auch seine Geschwister sehr vermisst. Sollte deine Samtpfote nicht fressen, kann das also eine Vielzahl an Ursachen haben.

❖ **Problemlösung**:

Um dieses Problem zu lösen, ist es wichtig, die Ursache zu kennen. Die einfachste Möglichkeit ist, dass du erstmal das Futter wechselst. Informiere dich, welches Futter die Katze vor deiner Zeit angeboten bekam. Vielleicht ist das Problem damit schon erledigt. Sollte dies zu keiner Besserung des Problems führen, kannst du dich über das Leben des Kätzchens informieren. War dein Kätzchen immer draußen, solltest du ihr vielleicht auch die Möglichkeit bieten ins Freie zu gehen. Die Katze kann sich an neue Situationen anpassen und wird schon bald merken, dass das Leben in der Wohnung auch sehr schön sein kann. Weißt du dir nicht mehr zu helfen und alle Versuche schlagen fehl, solltest du einen Tierarzt oder einen Tierpsychologen zurate ziehen.

9. Verhaltensauffälligkeiten erkennen und Probleme lösen

Du kannst bei deiner Katze relativ einfach Verhaltensauffälligkeiten erkennen. Du kennst deine Fellnase sehr gut und merkst schnell, wenn er plötzlich ein anderes Verhalten an den Tag legt. In diesem Kapitel möchte ich dir zeigen, welche Verhaltensauffälligkeiten es gibt und wie du diese wieder in den Griff bekommst.

9.1 Was sind die Ursachen von Verhaltensauffälligkeiten?

Die Ursachen für Verhaltensauffälligkeiten sind sehr flexibel. Die Katze könnte gestresst sein, sie könnte an einem seelischen Problem leiden oder es könnte aber auch körperliche Ursachen haben, warum die Mieze dieses auffällige Verhalten an den Tag legt. Stress könnte durch andere Haustiere ausgelöst werden, aber auch durch einen Umzug. Wohnungskatzen leiden oft an Langeweile oder sie haben einfach Angst vor alltäglichen Dingen. Auch dies könnte eine Ursache für ein sich plötzlich veränderndes Verhalten sein. Es könnte aber auch sein, dass du die Bedürfnisse deiner Samtpfote nicht so erfüllst, wie sie es gerne hätte. Vernachlässigst du deinen Liebling, kann dies schlimme Folgen haben. Doch auch körperliche Ursachen können hinter den Auffälligkeiten stecken. Ein hormonelles Ungleichgewicht, aber auch ernsthafte Erkrankungen oder eine Vergiftung können Grund für das veränderte Verhalten deiner Katze sein. Kannst du dir keinen Grund erklären, warum sich dein Stubentiger plötzlich verändert, solltest du einen Tierarzt aufsuchen. Dieser ist in der Lage deine Mieze körperlich durchzuchecken und eine Ursache für die Verhaltensänderung zu finden.

9.2 Wie äußern sich Verhaltensauffälligkeiten?

Wie sich Verhaltensauffälligkeiten bei deiner Katze äußern, hängt von vielen Faktoren ab. Das Alter deiner Katze spielt genauso eine Rolle, wie auch das Geschlecht oder die Persönlichkeit deiner Fellnase. Du solltest deine Katze sehr gut kennen, um zu sehen ob sie sich verändert. Bedenke auch die Situationen, in denen deine Katze ihr Verhalten verändert. Könnte es sein, dass deine Katze sich der Situation entsprechend verhält oder ist es doch eine Auffälligkeit? Diese Frage kannst nur du selbst beantworten.

Im nächsten Teil dieses Buches wirst du einige Beispiele für Verhaltensauffälligkeiten kennenlernen. Natürlich gehe ich auch auf die jeweilige Lösung des Problems ein und lasse dich nicht im Regen stehen.

9.3 Probleme lösen

Jetzt möchte ich mich an den Problemen orientieren, die auf dich zukommen, wenn deine Katze Verhaltensauffälligkeiten zeigt. Hier findest du einige Beispiele wie eine solche Auffälligkeit aussehen kann. Wichtig ist aber, dass ich dir auch zu jedem Problem eine Lösung aufzeige.

9.3.1 Katzenklo wird gemieden

Du hast in letzter Zeit immer öfter bemerkt, dass deine Katze ihr Katzenklo verweigert. Dies ist eine Verhaltensauffälligkeit, die sehr häufig vorkommen kann. Die Gründe hierfür können vielseitig sein.

Die Katze ist von Grund auf ein sehr sauberes Tier. Dies erkennst du auch daran, dass sich deine Fellnase mehrmals täglich putzt. Auch eine saubere Toilette ist für die Katze ein absolutes Muss. Ist das Katzenklo unrein, könnte es sein, dass deine Katze die Toilette meidet. Auch der falsche Standort oder das falsche Streu können ein Grund sein, warum deine Fellnase das stille Örtchen nicht mehr aufsuchen möchte. Hast du mehrere Katzen in einer Wohnung, solltest du darauf achten, diese kastrieren oder sterilisieren zu lassen. Auch hormonelle Veränderungen im Körper der Katze verändern den Geruch des Urins. Eine Katze könnte diesen als unangenehm empfinden und das Katzenklo nicht mehr benutzen wollen.

❖ **Problemlösung:**

Zuerst sollte gesagt sein, dass ein Katzenklo für mehrere Katzen nicht funktionieren wird. Hast du zum Beispiel zwei Katzen bei dir zu Hause, müssen mindestens zwei Toiletten zur Verfügung stehen. Auch die richtige Streu ist ein wichtiger Faktor bei der Sauberkeit der Katze. Stubentiger bevorzugen ein eher feineres Streu, das geruchsneutral ist. Denke mal darüber nach, die Streu zu wechseln. Der Standort ist ebenfalls genau zu überdenken. Die Katzentoilette sollte nicht nahe am Schlaflatz und auch nicht neben dem Fressplatz sein. Am besten ist das Katzenklo in einem anderen Raum aufgehoben. So kann deine Fellnase entspannen und ist nicht dem ständigen Geruch der Toilette ausgesetzt. Achte darauf, zumindest einmal täglich eine grobe Reinigung durchzuführen. Das Katzenklo selbst sollte mindestens ein bis zweimal pro Woche komplett ausgeleert, gesäubert, abgeduscht und neu befüllt werden.

9.3.2 Die Katze markiert

Deine Katze hat neuerdings das Bedürfnis deine Möbel und deine Teppiche zu markieren? Das ist ein Problem, das ebenfalls mehrere Ursachen haben kann. Manchmal ist dies einfach der Fall, dass deine Katze sein Revier markieren möchte. Hast du ein neues Haustier in die Wohnung oder hast du ein Baby bekommen? Auch ein neuer Lebenspartner könnte der Grund sein, warum deine Katze ständig neben das Katzenklo pieselt. Körperliche Ursachen können ebenfalls der Grund für plötzliches Markierverhalten sein.

Harnsteine oder eine Blasenentzündung sind aber wohl die häufigste Ursache. In diesem Fall uriniert deine Samtpfote lieber auf einer weichen Unterlage, denn sie hat starke Schmerzen beim Harnlassen. Egal, warum deine Katze plötzlich markiert, sie möchte dir stets etwas mitteilen, das ihr nicht passt.

❖ **Problemlösung:**

Zuerst sollte der Gang zum Tierarzt an erster Stelle stehen. Dieser kann eine körperliche Störung ausschließen. Anschließend solltest du die markierten Stellen gründlich reinigen. Reines Abwaschen bringt in diesem Fall nichts. Du solltest dir einen Spezialreiniger im Tierfachgeschäft kaufen oder einen Enzymreiniger aus dem Großhandel erwerben. Nur so kannst du den Uringeruch vollkommen beseitigen. Deine Katze wird sonst die markierten Stellen immer wieder neu markieren, solange der Geruch nicht weg ist. Nun heißt es auf Ursachensuche zu gehen. Überdenke deine Lebensweise. Nur du selbst kannst wissen, warum deine Katze plötzlich deine Möbel markiert. Als letztes bleibt noch die Möglichkeit, dass du dir Hilfe bei einem Katzenpsychologen suchst.

9.3.3 Katze kratzt an den Möbeln

Deine Katze kratzt an deinen Möbelstücken und dir geht das ziemlich auf den Nerv. Es ist verständlich, dass du keine Freude hast, wenn deine Katze deine Möbel zerstört. Auch hierfür gibt es viele Gründe, doch meist ist eine Vernachlässigung das Problem. Dein Stubentiger fühlt sich alleine gelassen und seine Bedürfnisse werden nicht gerecht erfüllt. Du könntest einen neuen Job haben, in dem du mehrere Stunden arbeiten musst. Plötzlich ist deine Samtpfote öfter und länger alleine. Oder deine Katze darf nicht in dein Schlafzimmer und du ziehst dich immer öfter zurück. Auch das wird deiner Katze gegen den Strich gehen und sie wird dir dies deutlich zeigen. Vor allem, wenn Nachwuchs in das Zuhause kommt, ist das Kratzen an Möbelstücken ein deutliches Zeichen von Eifersucht.

❖ **Problemlösung:**

Zunächst solltest du abklären, ob du einen Kratzbaum für deine Katze zu Hause hast. Dies ist sehr wichtig, denn dein Stubentiger möchte seine Krallen stets wetzen. Sind ein Kratzbaum oder andere Wetzmöglichkeiten vorhanden, solltest du deinen Lebenswandel überdenken. Hat deine Katze alles, was er braucht? Beschäftigst du dich oft genug mit deinem Liebling?

Schenkst du deiner Samtpfote genügend Aufmerksamkeit und habt ihr genügend Kuscheleinheiten? Versuche diese Fragen zu beantworten und du wirst schon bald das Problem erkennen und dieses somit schnell beseitigen können.

9.3.4 Katze ist aggressiv

Ein aggressives Verhalten der Katze kann auf Schmerzen hindeuten. Egal, welche Schmerzen deine Katze hat, sie wird sich von dir nicht mehr anfassen lassen und aggressiv auf jeden Kontakt reagieren. Du solltest aber auch den Charakter deiner Katze genau kennen, um zu wissen, dass es sich tatsächlich um eine Verhaltensauffälligkeit handelt. Viele Tiere sind temperamentvoll und zeigen dies auch gerne. Egal, was deinem Stubentiger nicht passt – du wirst dies mit aggressiven Verhalten spüren. Eifersucht, Vernachlässigung oder Angst können ebenfalls ein Grund für dieses Verhalten sein. Doch wie äußert sich dies? Deine Katze wird fauchen, wenn du in ihre Nähe kommst. Auch lautes Knurren ist ein deutliches Zeichen, dass deine Fellnase seine Ruhe haben will und ihm etwas nicht passt. Möchtest du deine Samtpfote anfassen, könntest du schnell die scharfen Krallen zu spüren bekommen.

- **Problemlösung:**

Ist dein Tier generell sehr dominant, wirst du aggressives Verhalten nur sehr schwer aus der Katze herausbekommen. Sie wird immer wieder in ihr altes Verhaltensmuster fallen. In diesem Fall kann dir nur der Besuch eines Tierpsychologen helfen. Hat dein Liebling Schmerzen, solltest du einen Tierarzt aufsuchen. Dieser kann dir in jedem Fall sagen, ob dein Tier körperlich gesund ist. Zeigt deine Samtpfote dieses Verhalten plötzlich und wird von heute auf morgen von der Schmusekatze zur Kampfkatze, solltest du der Ursache schnellstens auf den Grund gehen. Überdenke ob es eine Änderung des Alltags gegeben hat und suche danach den Tierarzt und einen Tierpsychologen auf.

9.3.5 Katze hat Angst und ist scheu

Eine scheue Katze wird nie zu einem Schmusetiger werden. Zumindest wird es immer so aussehen, dass nur du deine Katze kuscheln darfst. Besucher werden vermutlich nie eine Chance haben, deine Samtpfote auf den Schoss zu nehmen und zu streicheln. Dies kann an den früheren Erfahrungen der Katze liegen. Hat diese einmal schlechte Erfahrungen mit dem Menschen gemacht, ist es sehr schwer das Vertrauen der Samtpfote zu erlangen. Ist deine Katze aber grundsätzlich sehr aufgeschlossen und zeigt plötzlich ein sehr scheues Verhalten, kann das bedeuten, dass deine Katze Angst hat. Was diese Angst auslöst, kannst nur du herausfinden. Hast du ein neues Möbelstück gekauft, das deiner Katze nicht geheuer ist, ist ein neues Haustier eingezogen oder gab es in früher Vergangenheit ein stressiges Ereignis für deine Mieze?

❖ **Problemlösung:**

Wie du dieses Problem lösen kannst, hängt sehr stark von der Ursache ab. Hat deine Katze vor bestimmten Personen Angst, solltest du dieses Verhalten als normal ansehen und deiner Katze den Rückzug erlauben, wenn diese Person zu Besuch ist. Hat deine kleine Katze schon lange das scheue Verhalten an den Tag gelegt, kannst du mit Vertrauensübungen auf deine Katze zugehen. Gib deiner Fellnase die nötige Zeit und taste dich langsam an ihn heran. Irgendwann wird deine Katze merken, dass du ihr nichts Böses willst und dein Vertrauen gewinnen.

9.3.6 Katze miaut sehr häufig

Katzen miauen, aber hörst du deine Katze übermäßig oft jaulen oder weinen, solltest du der Ursache auf den Grund gehen. Einige Katzen miauen sehr laut, wenn das Katzenklo nicht sauber ist. Andere Katzen jaulen, wenn sie Aufmerksamkeit haben wollen. Was genau der Grund für häufiges Miauen ist, kannst du nur feststellen, wenn du deine Katze genau beobachtest. Es könnte aber auch sein, dass deine Samtpfote Schmerzen oder Hunger hat. Vielleicht bekommt deine Fellnase zu wenig Futter und ist ständig hungrig. Oder deine Katze möchte mehr Aufmerksamkeit und fordert diese häufig ein. Die Ursachen für häufiges Miauen sind sehr vielfältig.

❖ **Problemlösung:**

Um dieses Problem zu lösen, musst du dein Tier genau beobachten und es gut kennen. Miaut deine Katze sehr laut und sehr häufig, möchte sie dir etwas mitteilen. Gehe dem Miauen nach und lass dir von deinem Liebling zeigen, was das Problem ist.

9.3.7 Katze putzt sich ständig

Katzen sind grundsätzlich sehr saubere Tiere. Sie putzen sich mehrmals täglich und fühlen sich dadurch immer wohl. Hast du aber bemerkt, dass deine Fellnase sich ständig und übertrieben oft putzt, kann eine ernsthafte Ursache dahinterstecken. Vor allem dann, wenn du bereits kahle Stellen im Fell deiner Katze sehen kannst. Es kann vorkommen, dass Katzen sich so lange lecken, bis die Haare ausgehen. Die Gründe hierfür sind vielseitig. Es kann sowohl körperliche, als auch seelische Ursachen haben. Schuppen oder Flöhe können ein Problem darstellen. Eine seelische Ursache kann beispielsweise das Alleinsein oder die Einsamkeit sein. Die Ursachen für dieses Verhalten sind meist schnell gefunden.

❖ **Problemlösung:**

Um häufiges Putzen der Katze zu vermeiden, solltest du die Ursache kennen. Suche daher zuerst einen Tierarzt auf. Schuppen, Flöhe, organische oder hormonelle Ursachen können so ausgeschlossen werden. Um die seelischen Ursachen auszuschließen, kannst du dein Verhalten gegenüber deiner Katze reflektieren und dich in die Katze hineinversetzen. Hast du keine Idee, warum deine Katze sich so häufig putzt, solltest du einen Tierpsychologen aufsuchen. Dieser wird dir bei der Lösung des Problems behilflich sein.

10. Clickertraining

Das Clickertraining ist besonders in der Erziehung von Tieren beliebt. Bekannter ist es bei den Hunden, aber auch unter Katzenfreunden findet diese Erziehungsmethode immer größeren Anklang. Das Beste dabei ist: Diese Methode funktioniert. Zugegebenermaßen, funktioniert sie nicht bei allen Katzen gleich gut, aber wir Menschen sind ja auch alle verschieden. Das Clickertraining selbst ist letzten Endes nichts anderes als eine klassische Konditionierung. Eben jene, wie ich sie dir bereits vorgestellt habe. Dazu erinnere dich einfach wieder an den Pawlow'schen Hund. Was es aber bei dem Clickertraining zu beachten gibt, was du hierfür benötigst, wie so ein Training abläuft und was du damit erreichen kannst, soll in diesem Kapitel geklärt werden.

10.1 Was benötigt man hierfür?

Was du alles für das Clickertraining benötigst, ist sehr überschaubar. Das Meiste von all dem hast du sicherlich schon längst.

10.1.1 Katze

Hört sich witzig an, ist ernst, aber auch gleichzeitig lustig gemeint. Denn immerhin möchtest du deiner Katze ja etwas beibringen. Also sollte sie als Trainingsobjekt auf gar keinen Fall fehlen. Um schon einmal eines vorweg zu nehmen: Selbst wenn das Clickertraining mit deiner Katze sich eher als zäh gestaltet, solltest du nicht meinen, dass deine Katze schwer von Begriff ist. Oftmals ist es dann ein Kommunikationsproblem im Sinne von: deine Katze versteht nicht, was genau du von ihr verlangst. Einfach einmal Abstand zur Situation gewinnen, reflektieren und dann wieder neu starten.

10.1.2 Clicker

Auch das ist logisch. Wenn Du also Clickertraining machen möchtest, benötigst du einen Clicker in jedem Fall. Ein Clicker ist nichts anderes als ein Knackfrosch, der bei Betätigung ein immer gleiches Geräusch von sich gibt. Das ist wichtig, dass es immer dasselbe Geräusch ist und nach Möglichkeit nicht variiert. Dieser Clicker soll nun also ganz im Sinne des klassischen Konditionierens mit einem Reiz verbunden werden. Darauf komme ich aber später noch einmal zurück.

Wenn du dich nun fragst, woher du so einen Clicker nun bekommst, kannst du ihn für teures Geld in einem Tierfachgeschäft erwerben oder du schaust mal im Internet. Letztendlich kannst du sogar einen Klick-Kugelschreiber verwenden. Deiner Fantasie sind keine Grenzen gesetzt. Das Wichtigste bei dem Clicker ist der Aspekt, dass es Klickgeräusche macht.

10.1 3 Verstärkung

Damit am Ende des Clickertrainings auch eine Belohnung herausspringt, benötigst du Leckerlis. Sie dienen hier als Verstärkung des gewünschten Verhaltens. Natürlich solltest du Leckerlis nicht alleine als Belohnung sehen. Ebenfalls solltest du immer, zusätzlich zu den Leckerlis, auch ein verbales Lob einfließen lassen. So gesehen loben und belohnst du deine Katze bei dem Clickertraining doppelt. Das wirkt sich äußerst positiv auf die Lernbereitschaft deiner Samtpfote aus und du kommst schneller und zufriedener ans Ziel.

Wichtiger Hinweis zu den Leckerlis:

> Die Leckerlis dürfen für die Katze nicht zugänglich sein. Deine Katze darf von dir nur ein Leckerli bekommen und auch nur dann, wenn der Clicker seinen Einsatz hatte! Selbstbedienung musst du also ausschließen.

10.2 Erste Trainingsphase – die Konditionierung

In der ersten Trainingsphase geht es darum, deiner Katze beizubringen, dass es bei jedem Klick eine Belohnung gibt. Die Dauer der ersten Trainingsphase hängt von verschiedenen Faktoren ab. Grundsätzlich solltest du deine Katze nicht zu dem Training zwingen. Bietest du es ihr immer wieder an, zwingst du sie aber nicht in das Training hinein.

10.2.1 das Vorgehen

Optimale Voraussetzungen für das Vorgehen sind folgende: Setze dich in deinem, Wohnzimmer auf den Boden. Sorge für ausreichend Platz um dich herum und halte den Clicker sowie die Dose oder den Beutel mit Leckerlis bereit. Achte aber darauf, dass dein Stubentiger sich nicht selbst an den Leckerlis bedienen kann.

Wenn deine Katze sich dir nun neugierig nähert, betätigst du einmal den Clicker und reichst deinem Liebling umgehend ein

Leckerli. Diesen Vorgang wiederholst du immer und immer wieder. Achte aber darauf, dass du das Training nur so lange durchführst, wie deine Fellnase auch Lust dazu hat. Die Lust spielt bei dem Erfolg des Clickertrainings nämlich eine besonders wichtige Rolle.

Ebenfalls ist noch einmal zu erwähnen, dass auf jedem Click unmittelbar ein Leckerli für deine Katze erfolgt. Nur so lernt dein Stubentiger die Verbindung zwischen dem Klickgeräusch und das Leckerli.

10.2.2 Was gibt es zu beachten?

Wie lange deine Katze braucht, um diese Konditionierung zu erlernen, hängt von vielen Umständen ab. Grundsätzlich solltest du fünf bis zehn Klicks in einer Trainingseinheit absolvieren. Du merkst eine erlernte Konditionierung im Clickertraining daran, dass du klickst und deine Katze dich umgehend aufsucht, um sich ein Leckerli abzuholen. Dem solltest du auch unbedingt weiterhin nachgehen: Jeder Klick bedeutet umgehend ein Leckerli.

Manche Katzen brauchen nur wenige Einheiten, bis sie das System begriffen haben und einige Katzen brauchen etwas länger. Sei also nicht entmutigt, wenn es nicht sofort klappt. Das Clickertraining braucht in der Regel einiges an Geduld und diese solltest du auch zu jeder Zeit an den Tag legen.

10.2.3 Erfolgreiche Konditionierung

Wenn diese erste Trainingsphase abgeschlossen ist, kannst du mit der zweiten Phase beginnen. Doch ehe du zu viel erwartest und es zu Missverständnissen und Frustrationen kommt, solltest du unbedingt überprüfen, ob die Konditionierung zwischen Clicker und Leckerli endgültig stattgefunden hat. Clicker dazu aus verschiedenen Räumen und warte ab, ob deine Katze sich umgehend ein Leckerli abholen möchte. Kommt sie, solltest du ihr dann auch umgehend ein Leckerli geben. Wenn das funktioniert, dann fahren wir umgehend mit der zweiten Phase – dem Shaping – fort.

10.3 Zweite Trainingsphase – das Shaping

Bevor ich dir nun erkläre, was genau beim Shaping zu beachten ist, möchte ich dir zunächst einmal erzählen, was das Shaping überhaupt darstellt und was du damit in der Erziehung deiner Katze erreichen kannst:

Das Shaping zielt darauf ab, deine Katze schrittweise und durch Versuch und Irrtum, aber mithilfe des Clicker zu einem gewünschten Verhalten zu führen.

Was sich nun in der Theorie wieder sehr trocken und kaum umsetzbar anhört, ist in der Praxis aber eine sehr gute und erfolgreiche Methode. Eine Methode, um ein gewünschtes Verhalten zu erlernen und ein nicht gewünschtes Verhalten zu verlernen. Wie sieht das Ganze nun in der Praxis aus?

10.3.1 Das Vorgehen

Hier solltest du einen neuen Gegenstand zusätzlich bereithalten: Eine Decke oder ein Handtuch, welches deine Katze noch nicht kennt. Es soll also neu für den Stubentiger sein und somit auch interessant. Nun gehst du wieder in das Wohnzimmer und hältst das Handtuch oder die Decke, den Clicker sowie die Leckerlis bereit. Deine Katze wird sicherlich schnell vorbeikommen, um zu schauen, was du da treibst.

Das Ziel dieser Übung ist einfach. Du möchtest, dass deine Katze auf das Handtuch oder die Decke zugeht. Zwischen dem neugierigen Vorbeischauen deiner Katze bis hin zum endgültigen Zugehen liegen aber noch einige Zwischenschritte. Auch hier immer wieder folgende Regel: bleibe ruhig und erwarte nicht zu viel von deiner Fellnase.

10.3.2 Der Ablauf

Alles liegt bereit und auch dein Stubentiger ist bei dir. Perfekt! Dann können wir starten. Nun heißt es, jede Verhaltensweise in die richtige Richtung umgehend mithilfe des Clickerverfahrens zu belohnen. Wie könnten die Zwischenschritte hier aussehen?

1. Deine Katze schaut zur Decke/zum Handtuch oder dreht sich in diese Richtung
2. Deine Katze macht einen Schritt auf die Decke/auf das Handtuch zu
3. Deine Katze macht einen weiteren Schritt auf die Decke/auf das Handtuch zu
4. Deine Katze geht zur Decke/zum Handtuch hin

5. Deine Katze riecht an der Decke/am Handtuch
6. Deine Katze setzt die erste Pfote auf die Decke/auf das Handtuch
7. Deine Katze setzt zwei Pfoten auf die Decke/auf das Handtuch
8. Deine Katze setzt drei Pfoten auf die Decke/auf das Handtuch
9. Deine Katze ist komplett auf der Decke/auf dem Handtuch

Ich habe dir hier das Ziel in neun kleine Teilschritte unterteilt. Bei jedem Teilschritt ist ein Klick mit dem Clicker und umgehend ein Leckerli erforderlich! Denn so erlernt deine Katze ein neues Verhalten: Nämlich, dass sie etwas Bestimmtes tun muss, um das Clickergeräusch ertönen zu lassen und somit ein Leckerli zu bekommen.

10.3.3 Was ist zu beachten?

Bei dieser Methode solltest du immer im Hinterkopf behalten, dass sie etwas Zeit in Anspruch nimmt. Aus diesem Grund ist die ausreichende Geduld nicht fehl am Platz. Diese Methode beansprucht in der Regel viel Zeit, da deine Samtpfote selbst auf den richtigen Weg kommen muss. Das erreichst du eben durch Versuch und Irrtum. Bei einem Irrtum ertönt kein Clickergeräusch und es gibt auch kein Leckerli. Sie sollte nun so lange nach Möglichkeiten suchen, bis wieder ein Clickergeräusch kommt.

Wir Menschen neigen allerdings dazu, gewisse Vorgänge beschleunigen zu wollen. Doch hier muss ich dich darum bitten, nicht in Versuchung zu geraten. Das Lernen dauert, das ist keine Frage, aber durch „Abkürzungen“ erreichst du nicht das gewünschte Erziehungsziel. Also gib dir und deiner Katze die Zeit, die ihr benötigt.

Die Decke oder das Handtuch sind nur Beispiele, wie ein solches Training aussehen könnte. Du kannst dir natürlich auch eine ganz andere Aufgabe ausdenken. Allerdings ist dieser Decken- beziehungsweise Handtuchtrick eine gute Staffelung, ohne dass du deine Katze hiermit zu stark überforderst.

Hast du dich also für einen Trick mit dem Handtuch oder der Decke entschieden, solltest du das Handtuch oder die Decke nach jeder Trainingseinheit beiseite räumen. So kannst du sicherstellen, dass deine Katze über einen langen Zeitraum ein Interesse und eine Neugier an den Requisiten behält. Fragst du dich nun, ob es noch mehr für deine Katze zu erlernen gibt? Dann werde ich dich nicht enttäuschen. Denn mit dem Clickertraining kannst du noch einiges mehr machen: zum Beispiel das Capturing.

Doch bevor ich an dieser Stelle auf das Capturing eingehe, möchte ich dir zusammenfassend wichtige Verhaltensregeln während des Clickertrainings ans Herz legen.

Sei sparsam mit den Worten: Im Großen und Ganzen sollte das Training ohne viel Erzählungen und Worten stattfinden. Worte und Geräusche können bei der Fellnase nämlich die Auffassungsgabe einschränken. Dies gilt vor allem während eines Trainings.

Lieber zu viel als zu wenig Zwischenschritte: Ich kann es natürlich verstehen, dass du das Clickertraining bei deiner Katze am liebsten direkt durchziehen möchtest. Doch auf langer Sicht ist das eher kontraproduktiv. Aus diesem Grund ist es empfehlenswert, lieber etwas mehr Zwischenschritte als zu wenig einzubauen. Deine Katze und eure Beziehung werden es dir später danken.

Kein Zwang und keine Ungeduld: Zwang und Ungeduld sind beim Clickertraining unangebracht. Allgemein solltest du auf diese Eigenschaften bei der Erziehung gänzlich verzichten. Diese Eigenschaften führen nämlich nur dazu, dass du genau das Gegenteil von dem erreichst, was du dir vorgenommen hast.

Regelmäßigkeit ist entscheidend: Es ist besonders wichtig, dass du das Training regelmäßig und konsequent durchziehst. Nur mit konsequenten und regelmäßigen Trainingseinheiten kannst du langfristig zum Erfolg kommen. Vermeide aus diesem Grund ab und zu auf das Training zu verzichten. Das Clickertraining sollte jeden Tag Anwendung finden.

11. Capturing

Die Theorie zu dem Capturing ist enorm einfach. Du wirst staunen. Aber nur, weil die Theorie einfach ist, heißt es nicht, dass es in der Praxis ebenso einfach funktioniert. Gut, deshalb weißt du aber immer noch nicht, was das Capturing eigentlich ist und was du und deine Katze damit anfangen kann. Natürlich werde ich dich diesbezüglich einmal aufklären.

11.1 Was ist Capturing

Beim Capturing geht es darum, dass die Katze ein Verhalten erlernt, welches du zufällig ausübst, ohne eine bewusste Aufgabe für ein Leckerli erledigen zu müssen. Als kleines Beispiel: Du möchtest, dass deine Katze zu dir kommt, sobald du sie rufst.

11.2 Wie ist der Ablauf?

Verwirrender Weise musst du deine Katze zunächst einmal auf Abstand bringen, um ein Abrufen zu ermöglichen. Dazu ist es am besten, wenn du dich einfach in dein Wohnzimmer setzt und ein gutes Buch liest. Deine Katze wird dir wahrscheinlich mit auf das Sofa folgen, doch nun solltest du nicht auf sie reagieren, sondern einfach dein Buch weiterlesen. Irgendwann wird deine Katze ihrer Wege ziehen und sich anderweitige Beschäftigung suchen, bevor sie irgendwann zu dir zurückkehrt, um sich vielleicht doch eine Streicheleinheit ergattern zu können.

Und genau jetzt bist du gefragt. Sobald du sehen kannst, dass deine Katze auf dich zukommt, clickerst du und belohnst deine

Katze umgehend mit einem Leckerli. Zusätzlich kannst du ihr auch ein verbales Kommando mitteilen, bis sie den Sinn der Übung begriffen hat und umsetzen kann. Beispielsweise Wort(-kombinationen) wie „Hier!“, oder „Komm schnell!“ kann das Abrufen signalisieren. Die Wortkombinationen sollten nicht zu lang ausfallen. Außer die Länge der Kombinationen sind deiner Fantasie aber keine Grenzen gesetzt.

Ziel ist es hierbei, dass du das Kommando später anstelle des Clickerns benutzen kannst. Allerdings solltest du dann trotzdem immer ein Leckerli parat halten. Ebenfalls wichtig ist, dass dieses erlernte Verhalten niemals negativ assoziiert werden darf. Mit einer negativen Assoziation ist gemeint, dass du deine Katze niemals abrufen sollst, wenn darauf eine negative Konsequenz folgt. Beispielsweise, musst du deinen Stubentiger einfangen, weil der Besuch zum Tierarzt auf euch wartet. Wenn du dich nicht daranhalten kannst, wirkt das auf deine Katze wie ein Vertrauensbruch und führt dazu, dass deine Katze so schnell keine Lernbereitschaft mehr zeigt.

11.3 Was gibt es zu beachten?

Diese Lernmethode dauert seine Zeit. Du brauchst also einen langen Atem und viel, viel Geduld. Denn bei deiner Katze dürfte das Clickern zunächst für Verwirrung sorgen. Da dein Stubentiger doch eigentlich nur an das Clickertraining gewöhnt ist, wenn du direkt etwas von ihm willst, wirst die erste Zeit etwas schwieriger und aufwendiger werden. Aber auch hier ist ein Ende in Sicht. Schwieriger wird es auch bei dem Zeitansatz, denn du musst immer wieder auf das gewünschte Verhalten warten. So lange warten, bis deine Katze es wieder zeigt.

Mitunter kann das ein sehr langwieriger Prozess sein, der sich aber am Schluss für euch beide auszahlen wird.

Vielleicht wirst du beobachten, dass deine Katze kurz verschwindet, nur um ein wenig später voller Erwartungen auf dich zuzugehen. Das bedeutet dann, dass deine Mieze die Übung begriffen hat und in der Lage ist, diese in einen Zusammenhang zu stellen. Wenn deine Katze dieses neu erlernte Verhalten ungefragt beweist, musst du nicht immer wieder mit Leckerlis um dich werfen. Die Gabe der Leckerlis kannst du langsam reduzieren. Doch ein Lob muss sein. Zumindest eine Streicheleinheit und nette Worte kann deine Katze dann von dir erwarten. Achte darauf, dass du das größte Lob (in Form von Leckerlis) dann aussprichst, wenn du deine Katze direkt aufforderst, sie sich also mit dir im Training befindet.

Wie bei allen zu erlernenden Verhaltensweisen, welche du deiner Katze beigebracht hast und noch beibringen wirst, müssen diese regelmäßig wiederholt werden. Das gilt auch für das Capturing, denn nur so verinnerlicht deine Fellnase das erlernte Verhalten.

Als Nächstes möchte ich dir noch eine „schnellere“ Variante des Capturings vorstellen. Die „schnellere“ Variante nennt sich Prompting. Sie ist etwas anders, funktioniert aber ähnlich wie das Capturing.

12. Prompting

Eigentlich habe ich dir bereits einiges vorweggenommen. Denn das Prompting ist ähnlich einfach gestaltet, wie das Capturing. Allerdings gibt es eine kleine, aber feine Abweichung, die in diesem Fall den Unterschied macht. Und zwar ist dir beim Prompting erlaubt, das gewünschte Verhalten durch einen Schlüsselreiz auszulösen. Aber beginnen wir auch hier wieder erstmal der Reihe nach und zäumen das Pferd nicht von hinten auf.

12.1 Wie läuft das Prompting ab?

Zunächst ist es hierbei wichtig für dich zu wissen, dass die Schwierigkeit auch hier nicht in der Durchführung liegt, sondern in dem geeigneten Schlüsselreiz, dem Prompt. Du wirst dich sicherlich nun fragen, was ein guter Prompt sein könnte und wie du diesen erkennst. Nun, das ist schon etwas leichter zu beantworten. Denn ein guter Prompt zeichnet sich dadurch aus, dass er das gewünschte Verhalten zuverlässig auslöst, deine Katze aber nicht allzu sehr ablenkt.

Damit du dies besser verstehst, möchte ich dir einen guten Prompt am Beispiel des Kommandos „Schlecken“ vorstellen. Du möchtest deiner Katze beibringen, dass sie sich auf Kommando über die Lippen leckt. Wenn du jetzt aus allen Wolken fällst und dich fragst, ob das überhaupt möglich ist: Ja, das ist es! Und ich werde es dir auch beweisen.

Aber ehe wir ein Resultat haben, braucht es einen guten Prompt. Und den findest du im Clickertraining. Falls du deinen Liebling einmal beim Fressen beobachtet hast, ist dir sicherlich aufgefallen, dass sich deine Katze beim Fressen den Mund leckt. Das ist Teil ihrer Biologie – genauer – ihres Schluckvorgangs. Und genau da setzt du an.

Du beginnst also mit der Lektion Schlecken. Vorbereitend dafür kannst du deine Katze abrufen, clickern und mit einem Leckerli belohnen. Und nun musst du genau auf deine Katze achten. Denn sobald das Leckerli verfüttert ist, kann es jeden Augenblick so weit sein: Deine Katze leckt sich die Lippen. Und nun heißt es gut zu timen und sobald deine Katze sich die Lippen leckt, musst du umgehend clickern. Natürlich erfolgen umgehend ein weiteres Leckerli und ein kräftiges Lob.

Sobald du merkst, dass sich deine Katze viel häufiger die Lippen leckt, als sie es normalerweise macht, kommt der nächste Schritt. Nun wird nur noch geklickt, wenn das Schlecken unabhängig vom Futter geschieht. Das meint also, dass du deine Katze nur noch dann clickern und mit Leckerlis belohnst, wenn sie sich ohne vorangegangenes Füttern die Lippen leckt. Sobald deine Katze dieses Verhalten frei anbietet, musst du wiederum umgehend clickern und deine Samtpfote unmittelbar mit einem Leckerli belohnen.

Erst, wenn die beiden vorangegangenen Schritte wirklich gut funktionieren, kannst du beginnen, das Schlecken durch ein Kommando auszulösen. Dazu wartest du, bis deine Katze kurz davor ist, sich die Lippen zu lecken. Beginnst du damit, sprichst du das gewünschte Kommando aus und clickerst und belohnst deine Katze anschließend mit einem Leckerli.

12.2 Abschließend

Nun hast du einiges über die Erziehung deines Stubentigers gelernt. Du bist jetzt in der Lage, deine Katze gezielt zu erziehen. Doch ich bitte dich noch einmal an dieser Stelle, ohne jeglichen Zwang zu arbeiten. Wenn deine Katze das Interesse an den Übungen verliert, zwinge sie nicht zum Lernen. Auch Gewalt ist natürlich absolut tabu.

Versuche ruhig zu bleiben, auch wenn du manchmal genervt sein magst. Genervt, weil es etwas länger dauert. Doch hier kommt es darauf an, dass deine Katze durch Versuch und Irrtum lernen muss. In der Ruhe liegt die Kraft.

Was du aber auf jeden Fall in der Katzenerziehung, besonders beim Clickertraining, vermeiden solltest, erfährst in dem nächsten Kapitel.

13. Die 10 größten Fehler beim Clickertraining

Natürlich ist das Irren menschlich – keine Frage! Aber es kommt immer darauf an, ob du auch aus den Fehlern lernst. Um dir aber deine Bemühungen zu erleichtern, zeige ich dir in diesem Kapitel die zehn größten Fehler beim Clickertraining auf. Ebenfalls werde ich darauf eingehen, wie du diese Fehler vermeiden kannst. Somit kommst du schneller und einfacher an dein Ziel.

13.1 Fehler 1: Die Ablenkung

Das ist wohl einer der größten Fehler, welche sich einschleichen können. Für das Training solltest du grundsätzlich immer einen Raum wählen, der deinen Stubentiger so wenig wie möglich ablenkt. Das bedeutet ein Raum, der bestenfalls ohne nervigen Lärm einhergeht. Nur so kannst du sicher sein, dass sich deine Katze auch auf dich und dein Vorhaben konzentrieren kann.

Auf Geräusche vom Fernseher, Radio, von der Musik und anderen Tiere, welche sich in dem Raum aufhalten, ist abzuraten. Besonders zu Beginn der Lerneinheit ist darauf zu verzichten. Verzichtest du auf Lärm und Krach, kann sich deine Katze voll und ganz auf das konzentrieren, was du von ihm möchtest, ohne dass deine Katze sich ablenken lässt.

Aber Vorsicht! Du solltest dafür Sorge tragen, dass sich deine Katze nicht ablenken lässt. Das wiederum bedeutet aber nicht, dass du dich mit deiner Katze in einem Raum sperren solltest. Gib ihr immer die Möglichkeit zu gehen, wenn sie das möchte.

13.2 Fehler 2: Das Timing

Timing ist das A und O. Nur, wenn du im richtigen Augenblick den Clicker benutzt, erlernt deine Katze das gewünschte Verhalten. Ebenfalls zum Timing gehört die Belohnung mithilfe eines Leckerlis, welches unverzüglich nach dem Clickern vergeben werden muss.

Wenn du dich bezüglich des Timings unsicher bist, dann übe es zunächst ohne deine Katze. Frage deinen Partner, einen Nachbarn oder einen guten Freund, ob er sich zur Verfügung stellen würde. Wenn du dort Sicherheit erlangt hast, kannst du mit dem Training deiner Samtpfote durchstarten.

13.3 Fehler 3: Keine Selbstbedienung

So banal das klingen mag, aber sobald sich deine Katze von alleine an der Leckerli-Dose oder dem Leckerli-Beutel vergreift, ist der Lerneffekt futsch. Im schlimmsten Fall musst du dann alles auf Anfang zurücksetzen und von vorne beginnen. Um dir diesen Aufwand und diese Frustsituation zu ersparen, achte unbedingt darauf, dass nur du Zugang zu den begehrten Leckerlis hast.

13.4 Fehler 4: Fehlende Konzentration sollte kein Problem sein

Gerade bei den jungen Samtpfoten ist es schwierig, sie ruhig zu halten. Besonders zu Beginn des Clickertrainings solltest du deine Erwartungen diesbezüglich also herunterschrauben. Wenn sich deine Samtpfote nicht ruhig und brav vor dich hinsetzt, dann clickerst du und wirfst ihr eben das Leckerli hin. Es ist nicht zwangsläufig erforderlich, dass deine Katze dir aus der Hand frisst, auch wenn dies das schönere Gefühl für dich wäre.

13.5 Fehler 5: Nicht übertreiben

Das Übertreiben ist ebenfalls ein Fehler, der unbedingt vermieden werden sollte. Diesen Fehler begehen aber sogar erfahrene Trainer. Übertreiben bedeutet schlichtweg die Tatsache, dass man zu viel in zu kurzer Zeit verlangt und erreichen möchte.

Lasse es lieber ruhig angehen. Mach kurze Einheiten mit deinem Liebling, die dann ein positives Ende haben können. Qualität statt Quantität, das ist hier die Devise. Und wenn es einmal nicht klappt, na dann ist das auch nicht so schlimm.

13.6 Fehler 6: Stumpf ist Trumpf

Auch hier hört es sich wieder so einfach an und trotzdem vergisst man es schnell. Bei allem Eifer, welchen du an den Tag legst, solltest du es deiner Katze so einfach wie möglich machen, ein Click zu erhalten. Denn diese benötigt diese Erfolgserlebnisse, um zu lernen und um das Erlernte zu festigen. Sei deshalb nicht ungeduldig und begehe dadurch den Fehler, zu wenig zu loben oder zu belohnen.

13.7 Fehler 7: Qualität statt Quantität

Als Mensch gerät es oft in Vergessenheit: Qualität statt Quantität. Es ist so einfach, aber durch unsere Ungeduld stehen wir uns oft selbst im Weg. Eine wichtige Erkenntnis, um Fehler, wie diesen, zu vermeiden. Denn nur wenn die Qualität stimmt, erzielst du ein optimales Lernverhalten bei deiner Katze. Also lieber kleine, kurze und erfolgversprechende Lerneinheiten, als zu lange Einheiten, die den Erfolg mindern. Kleine, kurze und erfolgversprechende Lerneinheiten verlaufen in der Regel positiv – und das ist genau der Grund, warum du diese nutzen solltest. Behalte dir stets vor Augen: Geduld ist wichtig und du solltest nicht zu viel auf einmal zu wollen. Das ist auch für deine Fellnase nicht produktiv.

13.8 Fehler 8: Ungeduld

Geduld ist eine Tugend. Das Sprichwort existiert nicht umsonst. Das zählt aber besonders in der Erziehung. Denn wenn du beginnst, ungeduldig zu werden, so kannst du deine Katze erheblich verunsichern. Für deine Samtpfote ist das Erlernen dieser Lektionen schon schwierig genug. Wenn du als Herrchen oder Frauchen ungeduldig wirst, so signalisierst du deinem Liebling, dass irgendetwas nicht gut läuft, obwohl das dann nicht der Wahrheit entspricht.

13.9 Fehler 9: Wiederholungen

Wiederholungen sind das A und O. Nur wenn du die Lektionen zu Beginn kontinuierlich im weiteren Verlauf wiederholst, setzt sich das Erlernte bei deiner Katze fest. Auf die Belohnung mit einem Leckerli musst du zum Schluss nicht mehr ganz so achten, wie zu Beginn. Später reicht es, bei Wiederholungen nur noch sporadisch Leckerlis zu verteilen. Natürlich solltest du die Anzahl der Leckerlis nicht unmittelbar von 100 auf 0 schrauben. Es reicht, wenn du es über mehrere Tage langsam reduzierst.

13.10 Fehler 10: Wütender Umgang mit der Katze

Das könnte man fast gleichsetzen mit der Ungeduld. Aber nur fast. Denn auch wenn dein Liebling dich mit seinem trägen Lernverhalten auf die Palme bringt, musst du ruhig bleiben. Ist dies nicht der Fall, ist der Lernfortschritt hinüber. Im schlimmsten Fall läuft es darauf hinaus, dass deine Katze alles „vergisst", was du ihm oder ihr beigebracht hast. Dein Stubentiger könnte Angst bekommen und sich weigern, eine weitere Lernkooperation einzugehen. Das ist zwar nicht immer der Fall, jedoch sollte man bei der Katzenerziehung – so wie auch bei jeder anderen Erziehung – auf einen wütenden Ton oder Umgang verzichten.

Grundsätzlich macht der Ton die Musik. Du würdest ja auch nicht gerne von einer wütenden Person etwas beigebracht bekommen wollen, oder?

14. Schlusswort

Nun sind wir am Ende einer langen Reise angekommen. Du kannst hoffentlich viel für dich und deine Katze mitnehmen.

Es ist nicht einfach, eine Katzen Mama oder ein Katzen Papa zu sein. Es gibt auch sicherlich Tiere, welche sich deutlich einfacher erziehen lassen. Trotzdem ist eine Erziehung bei Katzen nicht nur notwendig, sondern es fördert und vertieft auch die Beziehung zwischen euch.

Ich hoffe, dass ich dir genügen Informationen vermitteln konnte, damit du nun mit der Erziehung deiner Katze beginnen kannst.

Doch ehe ich mich von dir verabschiede, möchte ich dich noch einmal darauf hinweisen, dass dieser Ratgeber im Zweifelsfall weder einen Tierarzt, noch einen fachkundigen Tierpsychologen ersetzt. Sollten im Verlauf irgendwelche Probleme aufkommen, so bitte ich dich, unmittelbar einen Tierarzt oder Tierpsychologen deines Vertrauens aufzusuchen und die selbstständigen Lerneinheiten zu unterbrechen, bis der Zustand deiner Katze geklärt wurde.

Für die Zukunft wünsche ich dir und deiner Samtpfote alles nur erdenklich Gute, vor allem aber viel Freude beim Erlernen neuer Verhaltensweisen.

Hat dir mein Buch gefallen?

Sollte dir mein Buch gefallen haben, würde ich mich sehr über eine Rezension freuen. Ich weise gerne darauf hin, dass es keine zwei Minuten dauert, eine kurze Rezension zu schreiben, diese aber anderen Lesern und mir aber sehr weiterhilft. Gehe dazu bitte auf Amazon.de und klicke oben rechts auf „Mein Konto“ und wähle dann „Meine Bestellungen“. Dort wirst du dieses Buch schnell finden.

Nach einem Klick auf „Schreiben Sie eine Produktrezension“ bzw. „Kundenrezension verfassen“ siehst du die Möglichkeit, bis zu 5 Sterne zu vergeben. Anschließend schreibst du bitte noch, was dir an meinem Buch besonders gefallen hat. Etwas über 10 Worte reichen da schon. Je mehr allerdings, desto mehr freue ich mich.

Lesenswerte Literaturempfehlungen

Achtsamkeit mit Kindern

Training und Ratgeber, Meditationen und Fantasiereisen, um Kinderseelen stark zu machen. Inklusive 21 phantastische Fantasiereisen für Kinder und Jugendliche.

Achtsamkeit mit Kindern von Linda Seefeld

ISBN-10: 1717869637

ISBN-13: 978-1717869630

Vegan Kochbuch - Einfache Rezepte

Einfache Rezepte und Gerichte für jeden Tag, für eine gesunde Ernährung und ein gesundes Leben, schnell und leicht gemacht. Tolle Rezepte, Gesund essen, Vegan einfach, Vegan für Faule.

Mit extra Bonus Teil im Buch:

- Neun wichtige Regeln für eine gesunde vegane Ernährung
- So kannst du alltägliche frische Produkte vegan ersetzen

Vegan Kochbuch von Emma Zedel

ISBN-13: 978-1718129788

ISBN-10: 1718129785

Haftungsausschluss

Der Autor übernimmt keinerlei Gewähr für die Aktualität, Korrektheit, Vollständigkeit oder Qualität der bereitgestellten Informationen und weiteren Informationen. Haftungsansprüche gegen den Autor, welche sich auf Schäden materieller oder ideeller Art beziehen, die durch die Nutzung oder Nichtnutzung der dargebotenen Informationen bzw. durch die Nutzung fehlerhafter und unvollständiger Informationen verursacht wurden, sind grundsätzlich ausgeschlossen, sofern seitens des Autors kein nachweislich vorsätzliches oder grob fahrlässiges Verschulden vorliegt. Alle Angaben wurden vom Autor mit größter Sorgfalt und nach bestem Wissen und Gewissen recherchiert oder Spiegeln seine eigene Meinung wieder. Der Inhalt des Buches passt möglicherweise nicht zu jedem Leser und die Umsetzung erfolgt ausdrücklich auf eigenes Risiko. Es gibt keine Garantie dafür, dass alles genau so, bei jedem Leser, zu genau den gleichen Ergebnissen führt. Der Autor und/oder Herausgeber kann für etwaige Schäden jedweder Art aus keinem Rechtsgrund eine Haftung übernehmen.

Quellenangaben

„pwollinga /Depositphotos.com“
„4zeva /Depositphotos.com“
„human_306/Depositphotos.com“
„lifeonwhite/Depositphotos.com“
„Andrey_Kuzmin/Depositphotos.com“
„LuGrish/Depositphotos.com“
„Seamartini/Depositphotos.com“

Impressum

1. Auflage
ISBN-13: 9781794462410

Kontakt: Maik Winter, Bürgerstraße 22, 01127 Dresden
E-Mail: sommerma@gmx.de
Covergestaltung: germancreative
Coverfoto: depositphotos.com

38421734R00068

Printed in Poland
by Amazon Fulfillment
Poland Sp. z o.o., Wrocław